Jugend-Knigge ²¹⁰⁰

Knigge für junge Leute und Berufs-einsteiger
Vom ersten Eindruck bis zu modernen Umgangsformen

Horst Hanisch

© Auflage 5, 4, 3, 2, 1: 2020, 2019, 2014, 2010, 2003 by Horst Hanisch

Bibliografische Information der Deutschen Nationalbibliothek: Die Deutsche Nationalbibliothek verzeichnet diese Publikation in der Deutschen Nationalbibliografie; detaillierte bibliografische Daten sind im Internet über dnb.dnb.de abrufbar.

Der Text dieses Buches entspricht der neuen deutschen Rechtschreibung.

Aus Gründen der einfacheren Lesbarkeit wird auf das geschlechtsneutrale Differenzieren, zum Beispiel Mitarbeiter/Mitarbeiterin weitestgehend verzichtet. Entsprechende Begriffe gelten im Sinne der Gleichbehandlung für alle Geschlechter.

Idee und Entwurf: Horst Hanisch, Bonn

Lektorat: Alfred Hanisch, Bonn; Andrea Böttcher (2. Auflage), Annelie Möskes, Bornheim (ab 3. Auflage)

Buchsatz: Guido Lokietek, Aachen; Horst Hanisch, Bonn

Umschlag: Christian Spatz, engine-productions, Köln; Horst Hanisch, Bonn

Fotos/Zeichnungen: Horst Hanisch, Bonn

Herstellung und Verlag: BOD – Books on Demand GmbH, Norderstedt

ISBN: 978-3-7494-9997-7

Jugend-Knigge 2100

Knigge für junge Leute und Berufs-einsteiger
Vom ersten Eindruck bis zu modernen Umgangsformen

Inhaltsverzeichnis

Inhaltsverzeichnis

Grußwort

Elfi Scho-Antwerpes, Bürgermeisterin

Viele kleine Schritte ergeben einige große Schritte

Liebe Leserin, lieber Leser!

„Was Hänschen nicht lernt, lernt Hans nimmermehr." Dieses alte Sprichwort scheint geradezu formuliert für den vorliegenden „Jugend-Knigge [2010]". Denn es ist überaus wichtig, dass schon in früher Jugend damit begonnen wird, seinen Mitmenschen ein menschlich angenehmes Verhalten entgegenzubringen. Ein harmonischer, respektvoller und gepflegter Umgang miteinander hilft allen, sich wohler in unserer Gesellschaft zu fühlen.

Der bedeutende griechische Philosoph Sokrates (469 v. Chr. – 399 v. Chr.) hat jungen Menschen derlei positive Charaktereigenschaften abgesprochen. Von ihm stammt das Zitat: „Die Jugend von heute liebt den Luxus, hat schlechte Manieren und verachtet die Autorität."

Ist das wirklich so? Immer wieder fällt es mir besonders positiv auf, wie gerade junge Leute es schaffen, sich in ihr soziales Umfeld zu integrieren, aber auch Außenstehende einzubinden. Es ist sicherlich nicht immer leicht, anders Denkende zu verstehen, anders Aussehende zu akzeptieren und zu verstehen. Menschen aus anderen Kulturen, Menschen mit Einschränkungen in ihrer Mobilität, Menschen aus anderer sozialer Schicht, haben dasselbe Recht, sich in unserer Gesellschaft gut aufgehoben zu fühlen.

Sie, liebe Leserin, lieber Leser, können mithilfe der vorliegenden Literatur für den einen oder anderen Punkt sensibilisiert werden. Hier und da ein kleiner gedanklicher Wechsel der Sicht und der Ansicht genügen oftmals, um gedankliche Veränderungen zu bewirken. Viele kleine Schritte ergeben einige große Schritte.

Helfen Sie mit, das zwischenmenschliche Zusammenleben zu verbessern. Überdenken Sie das eigene Auftreten, das eigene Verhaltensmuster. Denken Sie sich in die Welt Ihres Gegenübers ein. Mehr Verständnis untereinander erleichtert das lebenswerte Leben aller Beteiligten.

Als Bürgermeisterin nehme ich sehr viele Termine wahr. Dabei lerne ich viele Menschen – auch und gerade jüngere – kennen, die in diesem Sinne denken und handeln. Menschen, die sich die Mühe machen, andere zu verstehen, und damit das Leben wirklich lebenswert gestalten.

In diesem Sinne danke ich Horst Hanisch dafür, dass er den „Jugend-Knigge" in zweiter, überarbeiteter Auflage vorgelegt hat.

Viel Spaß beim Lesen!

Elfi Scho-Antwerpes, Bürgermeisterin der Stadt Köln, 2010

Vorwort

Jugend! Jugend! Es gibt einfach nichts auf der Welt als Jugend!
Oscar Wilde (Oscar Fingal O'Flahertie Wills), irischer Lyriker, Dramatiker, Bühnenautor
(1854 - 1900)

Geduld und Wertschätzung

„Alle jungen Leute haben ein ungehobeltes Auftreten!"

Wirklich alle? Doch wohl kaum. Aber in den Augen vieler Erwachsener scheint das so zu sein. Dabei kann davon ausgegangen werden, dass bei jungen wie auch bei älteren Menschen auf ungehobeltes Verhalten zu treffen ist.

Es gibt viele angenehme junge Zeitgenossen, die sehr wohl wissen, wie sie sich korrekt in ihrem sozialen Umfeld verhalten können. Allerdings gibt es auch eine ganze Anzahl Menschen, die sich ihre (nicht nur beruflichen) Chancen verbauen, weil sie nur mit einem Minimum an Höflichkeit und sicheren Umgangsformen auftreten.

Andererseits werden die Anforderungen an junge Menschen immer höher. Erwartet werden Flexibilität in der gesellschaftlichen und beruflichen Ausrichtung, globales und interkulturelles Denken.

Ebenso wird erwartet, dass Jugendliche in Bewerbungsgesprächen perfekt vorbereitet auftreten. Manchmal sind es nur Kleinigkeiten, die den Ausschlag zu einem erfolgreichen Gespräch geben. Oft hängt eine ganze Menge von solch einem Gespräch ab, zum Beispiel bei einem Verkaufsgespräch oder bei einem anderen Überzeugungsgespräch.

Junge Leute, die ihr Können menschlich freundlich, selbstbewusst überzeugend und mit entsprechenden Umgangsformen darstellen, haben deutlich bessere Erfolgsaussichten, zum Beispiel als Berufseinsteiger oder als Gast auf zwanglosen Netzwerkveranstaltungen bis hin zu festlichen Anlässen.

Wir wollen nicht sagen, dass sich jemand zwangsläufig ‚falsch' verhält, sondern ‚anders', anders als es die Gesellschaft erwartet.

Wird die Erwartungshaltung der Gesellschaft oder eines einzelnen Gegenübers nicht erfüllt, kann es zum Nachteil für den jungen Menschen sein. Manchmal <u>weiß</u> er gar nicht, was andere von ihm erwarten.

Unabhängig der fachlichen Fähigkeiten gilt jeder Mensch als wertvoll, sodass ihm eine deutliche Wertschätzung gegenüber gebracht werden soll. Wird das gegenüber in seinen Äußerungen nicht sofort verstanden – üben Sie sich in Geduld. Andere Menschen denken anders. Räumen Sie ihnen die Möglichkeit ein, ihre Ideen zu formulieren, bevor Sie sie korrigieren oder gar verurteilen.

Deshalb ist ein Ziel des vorliegenden Buches zu zeigen, wie sich eine junge Frau oder ein junger Mann, ohne negativ aufzufallen, ja vielleicht sogar, indem sie beziehungsweise er ein positives, ansprechendes Bild angebend, im privaten wie auch beruflichen Umfeld selbstsicher auftreten kann.

Das Buch ist in acht Teile gegliedert und spannt den Bogen vom einzelnen Individuum und dem Wirken auf andere über die zwischenmenschliche Kommunikation und die Körpersprache zum erfolgversprechenden Verhalten im Berufsalltag und in der Öffentlichkeit. Den Abschluss bilden die Themen Verhalten als Gast zu Hause und im Restaurant – und wir werfen noch einen kleinen Blick auf statistische Angaben zum Thema Sexualität.

Viel Spaß beim Lesen der folgenden Seiten.

Horst Hanisch

> Die Jugend ist etwas Wundervolles. Es ist eine Schande,
> dass man sie an die Kinder vergeudet.
> George Bernard Shaw, irischer Dramatiker
> (1856 – 1950)

Teil 1

Die flotte Jugend

Die Jugend mit ihren ‚verrückten' Ideen

Wenn auch die Welt im Ganzen fortschreitet, die Jugend muss doch immer wieder von vorn anfangen und als Individuum die Epochen der Weltkultur durchmachen.

Johann Wolfgang von Goethe, dt. Dichter
(1749 - 1832)

„Die Alten verstehen uns nicht!"

Der stetige Fortgang der Entwicklung scheint ein natürlicher Vorgang zu sein. Das Kind kann diesen noch nicht realisieren. Auch dann, wenn es erkennt, dass es jährlich altert, kann es noch nicht erahnen, was es für ihn als Individuum bedeutet, älter zu werden. Schon der griechische Philosoph Sokrates (469 – 399 v. Chr.) soll gesagt haben: „Die Jugend hat schlechte Manieren, verachtet die Autorität, hat keinen Respekt vor dem Alter." Ob das wirklich so stimmt?

Erste Gedanken zum Älterwerden

Hören wir hierzu die Gedanken eines Seniors.

„Richtige Gedanken zum Alter kamen mir, als ich selbst 12 oder 13 Jahre alt war. Damals war ich der felsenfesten Überzeugung, würde meinem Vater etwas passieren, könnte ich problemlos dessen berufliche Position einnehmen. Wie kann ein 13-Jähriger so denken?

Ich war in diesen und den nächsten Jahren in der Jugend–Gemeindearbeit als Gruppenleiter aktiv. Ein 18-Jähriger war für unseren Bereich der Ansprechpartner. Für mich war der 18-Jährige alt. Tatsächlich alt. Ich betrachtete ihn als richtigen Erwachsenen.

Felsenfest war ich damals der Meinung, dass ein 18-Jähriger alles weiß. Ich ging davon aus, dass er sozusagen alles Wissen, das verfügbar ist, gelernt haben würde. Aus heutiger Sicht kann ich nur noch milde darüber lächeln."

Rational erfassen und emotional verstehen

Der Jugendliche kann rational erfassen, dass er älter wird – und zwar täglich. Wie alle anderen auch. Kann er emotional begreifen, was das Älterwerden wirklich bedeutet?

Vielen Erwachsenen wird tatsächlich bewusst, welche Konsequenzen das Altern bedeutet, wenn ein Elternteil oder ein naher Angehöriger verstirbt. Es erfolgt die Erkenntnis der eigenen Endlichkeit. Oh Schreck!

Ein kleiner Trost – geboren werden, älter werden, sterben – trifft mehr oder weniger jeden Menschen. „Andere haben es auch geschafft. Da müssen wir durch."

Der junge Mensch kann die Zukunft erahnen – der alte Mensch hat die Vergangenheit gelebt. Somit sieht der ‚Alte' manchmal Risiken oder Chancen, die der ‚Junge' nicht wahrnimmt, geschweige denn wahrnehmen will. Der Junge betrachtet das Leben – nachvollziehbarerweise und glücklicherweise – aus seiner jugendlichen Sicht. „So ist es nun mal, lieber Alter. Die Zeiten haben sich geändert."

Die meisten Menschen bestätigen, dass sich Junge und Alte nicht wirklich verstehen (können). Und zwar trotz aller positiv gemachter Bemühungen. Ständig muss das Rad neu erfunden werden. Weshalb?

Gelerntes und damit das gesammelte Wissen lässt sich weitergeben. Erfahrungen hingegen nicht. Die muss ein jeder selbst erleben. Im Laufe seines Lebens vergrößert sich der Schatz an Erfahrungen und an Wissen beachtlich. Ein Mensch kann sein Wissen der nachrückenden Generation übermitteln, seine Erfahrungen nicht. Das betrübt manchen Älteren.

Der Ältere sorgt sich über das Wohlergehen des Jüngeren. Allerdings kann er nur bedingt helfen. Mit jedem Tag des Daseins kann der Heranwachsende erkennen, dass es Neues, Unerwartetes, Unvermutetes gibt.

Jung und trotzdem nicht mehr jung

Dann der nächste Schock. Der Jüngere merkt, dass noch Jüngere nachdrängen. Letztlich ist er nicht mehr der ‚wirklich' Junge. Die Jugend drängt unaufhaltsam nach. Sie profitiert vom Wissen der Alten und sammelt damit neue Erfahrungen.

Die Aufgabe der Lebewesen ist es offensichtlich, an die Nachfolgenden neben gesammeltem Wissen auch Verbesserungen weiterzugeben. Die Nachfolgenden sind neugierig und idealerweise wissbegierig, sodass es eine endlose Reihe des Fortlebens gibt.

Von den Alten profitieren

Ein kurzer Appell an die jungen Leserinnen und Leser dieses Ratgebers:

Profitieren Sie nicht nur vom Wissen und dem, was die Alten geschaffen haben, sondern versuchen Sie, ältere Menschen tatsächlich zu verstehen. Etwas Empathie hilft dabei, Wertvolles zu erfahren.

Auch wenn es sich wahrscheinlich albern für Sie anhört – oder Sie es schon 100 Mal gehört haben sollten – die Zeit vergeht rasend schnell. Sehr schnell, zu schnell, werden Sie bemerken, wie die Zeit davonsaust und gleichzeitig Ihre Lebenszeit dabei mitnimmt.

Zu keinem Zeitpunkt wird es Ihnen helfen zu sagen: „Das hat mir ja keiner gesagt." Nein – Sie haben sozusagen eine ‚Hol-Schuld'. Holen Sie sich so viele Informationen, wie Sie können. Tauschen Sie sich aus, auch mit Alten, und hören genau zu. Was ist wichtig für Sie? Was könnte einmal wichtig für Sie werden? Immerhin handelt es sich um <u>Ihr</u> Leben. Vieles, was Sie verpassen, kann möglicherweise im kompletten Leben nicht mehr ein- oder nachgeholt werden.

Ballistische Lebenskurve

Der Verlauf des Lebens gleicht einer ballistischen Kurve.

Die ersten Jahre nach der Geburt benötigt der Mensch, um sich alles anzusammeln, was er für sein erfolgreiches Leben benötigt.

Nach wenigen Jahrzehnten wird er den beruflichen, eventuell auch den gesellschaftlichen Höhepunkt erleben. Schließlich geht es wieder bergab.

Es wird der Augenblick kommen, an dem er nichts mehr für das Weiterkommen der Gesellschaft beitragen kann. Oder, schlimmer, niemand mehr etwas von ihm hören, geschweige denn annehmen will. Mit welchem Alter genau der Höhepunkt erreicht ist, lässt sich nicht absehen. Das mag individuell verschieden sein. Sehr wahrscheinlich erkennt der Einzelne auch erst rückblickend, wann dieser Zeitpunkt war.

Die Jungen sind faul

Jahrelang wurde den Jugendlichen vorgeworfen, faul zu sein. „No Future", einfach von der Hand in den Mund leben.

Pläne und Ziele für die Zukunft? Keine! Vorsorge fürs Alter? Keine! Interesse und Initiativen an politischen Themen? Keine!

Aber halt! Stimmt das noch?

Wie aus dem Nichts tauchte die ‚Fridays for Future'-Bewegung auf. Ausgelöst wurde in kürzester Zeit diese weltweite Dynamik durch die Schwedin Greta Tintin Eleonora Ernman Thunberg (*2003), im August 2018.

Millionen jugendlicher Anhänger zeigten unerwartet Profil. Sehr zum Verdruss mancher Erwachsener, die empfahlen: „Lernt erst mal etwas und schwänzt die Schule nicht." Oder: „Verdient erst mal eigenes Geld, bevor ihr Unmögliches fordert."

Mit dieser Kritik lag der eine oder andere Ältere deutlich neben dem Trend, dem Wunsch und den Zielen der Jugend. „Die Alten verstehen uns nicht!" Ist das so?

Dieses Missverstehen zeigt, wie schwierig das gegenseitige Verständnis zwischen Jung und Alt ist. Immer wieder, seit Jahrzehnten, Jahrhunderten, Jahrtausenden, quälen sich Generationen mit solchen Missverständnissen.

Offensichtlich gibt es im Verlauf der Menschheitsgeschichte immer wieder die Herausforderungen der Generationen untereinander. Jede Seite ist aufgerufen, die andere ansatzweise zu verstehen.

Im Zuge der interkulturellen Kompetenz wird das Verstehen gerade für den Jugendlichen immer anspruchsvoller. Nicht nur die zeitliche Komponente (Jung versus Alt), sondern auch die räumliche (verschiedene Kulturen).

Liebe junge Leserinnen und Leser, ergreifen Sie die fantastischen Möglichkeiten, die die Welt und das Leben Ihnen bieten. Packen Sie die Möglichkeiten am Schopf! Beziehen Sie Stellung, zeigen Sie Profil, werden Sie aktiv.

Sie gehören höchstwahrscheinlich zur Generation Z (geboren ab 2000) oder Y (ab 1980/85). Ihre Generation legt ganz andere Schwerpunkte als die Generationen zuvor. Ihnen ist eine ausgewogene Work-Live-Balance wichtiger als 100 Euro Bonus mehr. Sie haben die Chance, Ihr Leben so zu gestalten, wie es Ihren Vorstellungen entspricht. Machen Sie etwas daraus!

Nutzen Sie die Chance der interkulturellen Kommunikation, mehr voneinander zu erfahren und zum besseren Verständnis beruflich und privat beizutragen.

Trotz dieser vielfältigen Vorgaben muss weder aggressiv noch egoistisch vorgegangen werden. Bleiben Sie höflich und freundlich zu anderen. Zeigen Sie, dass Sie die zeitgemäßen Umgangsformen beherrschen und andere wertschätzen können.

Teil 2

Die (erste) Kontaktaufnahme

Mein Erscheinungsbild

> *Vor allem bei Jugendlichen ist es dringend nötig, die Urteilskraft zu stärken.*
> **Hans-Georg Gadamer, dt. Philosoph**
> *(1900 - 2002)*

Der erste entscheidende Eindruck

Beginnen wir mit einer Übung: Welchen Eindruck hinterlassen folgende Personen auf Sie? Schreiben Sie Ihre Meinung auf.

Haben Sie Ihren ‚ersten Eindruck' zu den Personen notiert? Wie kommt es, dass wir manche Menschen spontan als glücklich, belehrend, arrogant, hochnäsig, zweifelnd bezeichnen, ohne dass wir sie näher kennen?

Es liegt hier der sogenannte Primacy-Effekt, der Effekt des ersten Eindrucks, vor. Ein Lexikon mag den Effekt beschreiben als mögliche Wahrnehmungstäuschung, bei der subjektiv (vom Betrachter aus gesehen, also persönlich) Wahrgenommenes nicht mit der objektiven (sachlich neutralen, unvoreingenommenen) Gegebenheit übereinstimmen muss.

Hier wird von einem Stereotypendenken (stereotyp = feststehend, formelhaft, phrasenhaft, klischeehaft) gesprochen. Das heißt, wir beurteilen einen Menschen nach bestimmten äußerlichen Merkmalen und laufen dabei Gefahr, einen (wild-)fremden Menschen in eine ‚Schublade' zu stecken.

So muss eine Person, die wir als glücklich einschätzen, keineswegs glücklich sein, und eine Person, die wir als sehr hochnäsig empfinden, kann eventuell sogar ein ganz freundlicher Mensch sein. So entstehen oder verfestigen sich Vorurteile.

Es scheint eine menschliche Denkweise zu sein, andere Menschen in Kategorien und in eine Schublade stecken zu wollen oder zu müssen.

- „Dieser Mensch ist mir sympathisch."

- „Jenen mag ich überhaupt nicht. Wie der schon guckt!"

Lässt sich das vermeiden?

- Wann haben Sie zuletzt einen fremden Menschen in eine ‚Schublade' gesteckt?
- Haben Sie ihn oder sie aus der Schublade wieder herausgeholt?
- Hat sich Ihr Bild von der Person nach einiger Zeit geändert?
- Ist es Ihnen schon einmal passiert, dass andere Sie (Ihrer Meinung nach) falsch eingeschätzt haben?

Der Einzelne vergleicht mit abgespeicherten Bildern. Er vergleicht mit Menschen, die ähnlich aussehen und überträgt unter Umständen deren Charaktereigenschaften auf Fremde. Das gibt ihm ein Sicherheitsgefühl, birgt aber die Gefahr von Verallgemeinerungen in sich, wie

- „Alle Blondinen sind …"
- „Alle Amerikaner haben …"
- „Alle Senioren können …"

Die negativen Folgen sind zum Beispiel in politischen (Krisen-) Situationen deutlich zu sehen.

Wie beschreiben Sie folgende Eigenschaften?

- Ein Mensch ist brav, wenn …
- Ein Mensch ist natürlich, wenn …
- Ein Mensch ist gestylt, wenn …
- Ein Mensch ist arrogant, wenn …
- Ein Mensch ist böse, wenn …
- Ein Mensch ist verklemmt, wenn …
- Ein Mensch ist doof, wenn …

Können Sie sich vorstellen, dass Menschen teils ähnliche, teils aber auch ganz andere Eigenschaften zugeordnet werden?

Die ersten sieben Sekunden

Ein kleines Spiel am Anfang. Denken Sie kurz über folgende Aussage nach:

‚DER GESUCHTE BEGRIFF'

Was ist gemeint? Schreiben Sie Ihr Ergebnis auf!

Wir haben zwei Möglichkeiten gefunden:

- Es handelt sich um einen Begriff, der gesucht wird.

Oder aber auch:

- Es handelt sich um einen Gesuchten (einen gesuchten Menschen), der etwas begriffen hat.

Ist das Ergebnis überraschend für Sie?

Kaum jemand erkennt beide Möglichkeiten, es sei denn, er hat dieses Spiel schon einmal gespielt.

Dieses kleine Spiel lehrt, dass der erste Eindruck offensichtlich sehr schnell entsteht. Und wenn der erste Eindruck entstanden ist, lässt es dem Gehirn kaum die Möglichkeit, eine zweite oder gar dritte Lösung zu suchen. Wozu auch?

Wir sagen uns: Wenn wir eine Lösung gefunden haben, muss es keine zweite geben! Oder: Wenn wir jemanden nicht mögen, warum sollten wir ihm oder ihr die Chance geben, uns sympathisch zu sein.

Und genau hier liegt der ausschlaggebende Punkt. Wir bilden uns unseren Eindruck und geben uns kaum die Chance, eine Person – die zuerst nicht ganz so toll auf uns gewirkt hat – besser kennenzulernen. Und das ist schade. Denn, kommt es wirklich nur auf das äußere Erscheinungsbild einer Person an?

Zählen die inneren Werte nicht ebenso oder vielleicht sogar noch mehr? Natürlich!

Geben wir einem (auf uns arrogant wirkenden) Kandidaten in einem Bewerbungsgespräch oder einem (auf uns unangenehm wirkenden) Verkäufer im Verkaufsgespräch eine zweite Chance?

Überlegung: Sie sehen eine Person zum ersten Mal. Sie ist Ihnen noch völlig unbekannt. Wie Sie erfahren haben, bilden Sie sich automatisch einen ersten Eindruck dieser Person. Was glauben Sie, wie lange Ihr Gehirn dafür braucht?

> **Übrigens:**
>
> Das gilt auch, wenn diese Person nicht spricht.

Machen Sie sich kurz Gedanken. Haben Sie sich entschieden? Dann ist hier die Lösung: Es sind sieben Sekunden. Nur sieben Sekunden!

Einige neuere Untersuchungen gehen von zwei bis drei Sekunden, eine sogar von weniger als einer Sekunde aus. Bleiben wir bei der relativ hohen Zahl ‚Sieben', die uns im Folgenden symbolisch dienen soll.

Was den ersten Eindruck ausmacht

Zwei große Bereiche bestimmen den ersten Eindruck: Das sind die realen Betrachtungen und die persönlichen Komponenten.

Reale Betrachtungen

Unter realen Betrachtungen werden Dinge verstanden, die tatsächlich wahrnehmbar sind. Dazu zählen

- Körperbau
- Auftreten (tatsächlich)
- Mimik
- Gestik
- Körpersprache

- Standort, an dem sich der Mensch befindet
- Distanz
- Haltung
- territorialer Anspruch

- Bewegung
- Gang
- Art zu sitzen oder zu stehen
- Stimme

und anderes mehr.

Aber auch

- Augenfarbe
- Hände/Fingernägel
- Frisur, Haare, Farbe
- Make-up (oder keins)
- Schuhe
- Statussymbole

- Duft, Parfum, Geruch
- Kleidung (modern, konservativ, gepflegt, Farbe, passend zum Anlass usw.)
- Schmuck

- Koffer, Tasche (Leder, Plastik, Jute ...)
- Outfit
- Accessoires
- Brille

und anderes.

Persönliche Komponenten

Zu den realen Betrachtungen kommen die sogenannten, persönlichen Komponenten'. Hier wird unterschieden zwischen Komponenten, gesehen aus der eigenen Einstellung, und jenen, die von der anderen Person ausgehen.

Betrachten wir zuerst Komponenten, die von uns aus Einfluss nehmen, wie etwa

- die eigenen Gefühle
- persönliche, eigene Erfahrungen,
- Erinnerungen an ähnliche Personen
- Moralvorstellungen – was darf ein Mensch, was darf er nicht?
- ethische Ansprüche

- Wertmaßstäbe – worauf lege ich besonders viel Wert? (zum Beispiel Menschenrechte)
- Einstellungen zu anderen
- Erwartungshaltungen an andere
- Typologie (Schubladendenken)

und anderes.

Dann Komponenten, die von der anderen Person ausgehen, wie

- Auftreten (bildlich)
- Charisma (Ausstrahlungskraft der Person)
- Selbstbewusstsein
- Wärme/Kühle

- Herzlichkeit
- Umgangsformen
- Menschlichkeit
- Selbstsicherheit oder
- Aura (Wirkung eines Menschen).

Es lässt sich erkennen, dass reale Betrachtungen <u>und</u> persönliche Komponenten zusammengenommen den ersten Eindruck entstehen lassen.

Um fair miteinander umzugehen, gilt folgender Vorschlag:

Egal wie ein Mensch aussieht: Geben Sie ihm erst eine Chance, sich zu entwickeln.

Beispiele:

- Ein neuer Schüler kommt während des Schuljahres zu uns in den Kursus. Wie verhalten Sie sich ihm gegenüber?
- Eine neue Kollegin hat ihren ersten Arbeitstag. Wie verhalten Sie sich ihr gegenüber?

Jeder soll die Möglichkeit haben, wirklich zu zeigen, was er oder sie kann. Geben Sie jedem und jeder diese Möglichkeit!

Körperdistanz – Distanzzonen

Wenn Sie einem Menschen körperlich zu nahekommen, wird dieser einen Schritt zurückweichen. Er schafft einen größeren Abstand. Der Mensch trägt eine Art unsichtbare Distanz-Wolke um sich.

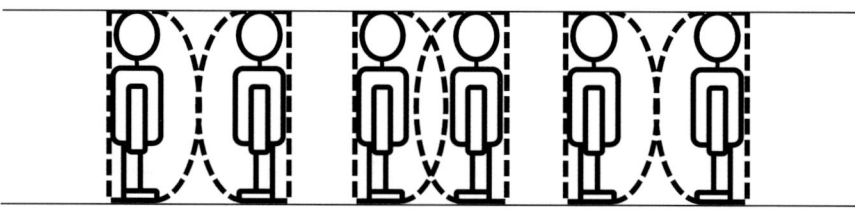

Der Abstand zwischen Wolkenaußenhülle und Körperhaut kann von Kultur zu Kultur und von Mensch zu Mensch verschieden sein.

Er beträgt zwischen 0 und bis zu 70 cm. 0 bedeutet die direkte Berührung der anderen Person.

Diese erste Distanzzone heißt persönliche Distanz beziehungsweise Intimdistanz.

Es ist die Distanz, die ein Mensch mühelos mit Einsatz der Arme verteidigen kann. Stehen sich zwei Gesprächspartner gegenüber, wahrt ein jeder automatisch und üblicherweise die Intimdistanz des anderen.

Intime Distanz: 0 – 50 cm.

Ausnahme beim Friseur, beim Tanzen usw.

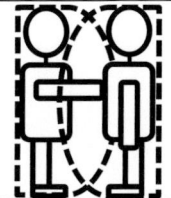

Persönliche Distanz: 50 – 100 cm.

Beispiel beim Smalltalk.

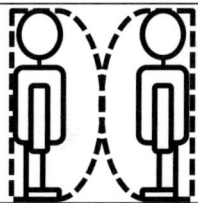

Gesellschaftliche (soziale) Distanz, Abwartezone: 100 – 200/300 cm.

Beispiel: Jemand betritt einen Raum und orientiert sich.

Öffentliche Distanz, mehr als 200/300 cm.

Beispiel: Hält ein Redner zum Publikum.

Distanzzone Null

Der Spiegel 4/2015 schreibt: „In der Politik wie im Berufsleben gibt es so etwas wie die Hierarchie der Berührung. Wer Chef ist, der darf drücken und umarmen, das selbstverständliche Überschreiten einer intimen Grenze ist auch Beleg dafür, dass man sich über Regeln, die für andere gelten, hinwegsetzen kann.

Vom Herrscher geherzt zu werden hat als Ehre zu gelten; umgekehrt muss der Herrscher genau darauf achten, nicht als Opfer einer ungehörigen Annäherung dazustehen." Offensichtlich ist es im gesellschaftlichen Bereich gar nicht so einfach, die richtige Distanz zueinander zu finden.

Hier muss sensibel vorgegangen werden.

Ich beschütze dich – oder ich kontrolliere dich?

Einer legt dem anderen die Hand oder gar einen Teil des Arms auf die Schulter. Zeigt das Zuneigung und Vertrautheit oder eher Dominanz?

Im beruflichen Umfeld ist diese Geste eher verpönt. Sie wird allerdings trotzdem gesehen – und zwar hierarchisch betrachtet von oben nach unten.

Der Chef legt dem Mitarbeiter ‚motivierend' die Hand auf die Schulter.

Ob das umgekehrt denkbar wäre?

Distanzwolken

Das ‚saubere' Gespräch wahrt den Intimbereich des Gegenübers und baut Akzeptanz und Vertrauen auf.

Deshalb stehen beide Gesprächspartner so:

Die Wolkenhüllen berühren sich gerade. Ein guter Gedankenaustausch kann stattfinden.

Kommt einer der beiden dem anderen zu nahe, stellt sich die Situation so dar:

Es wird in den Intimbereich des anderen eingedrungen. Dieser wird sich unwohl fühlen und – wenn die Möglichkeit besteht – fliehen.

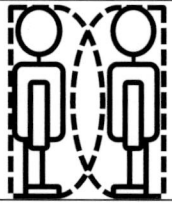

Ein Austausch oder Verkauf ist nicht möglich. Die meisten Menschen wissen, wie unangenehm es für sie ist, wenn in ihren Intimbereich eingedrungen wird.

Selbstbewusstes Auftreten

*Das Aussprechen einer Entschuldigung ist keine Demütigung,
sondern ein Zeichen von Reife und Aufrichtigkeit.*
Norman Vincent Peale, US-am. Publizist
(1898 - 1993)

Sich seiner selbst bewusst sein

Wann empfinden Sie einen Menschen als selbstbewusst?

Was macht Ihrer Meinung nach einen selbstbewussten Menschen aus?

Was verstehen Sie unter Selbstbewusstsein?

Hier sind zwölf Personen abgebildet. Schauen Sie die Bilder an und entscheiden
Sie dann: Wirken diese Menschen selbstbewusst auf Sie?

Die meisten Menschen möchten gerne selbstbewusst sein oder zumindest selbstbewusst wirken. Viele Menschen suchen eine Möglichkeit, selbstbewusst aufzutreten.

Dabei ist für viele Menschen noch nicht einmal sicher, was Selbstbewusstsein überhaupt ist. Sicherlich ließe sich eine lange Zeit darüber diskutieren, was ein jeder von uns unter dem Wort Selbstbewusstsein versteht.

Unserer Meinung nach lässt sich das Selbstbewusstsein aufbauen, wenn ein Mensch folgende drei Fragen beantworten kann:

- Wer bin ich?
- Was kann ich?
- Was will ich?

Diese drei Fragen scheinen ganz einfach zu sein. Aber um sie richtig und vernünftig beantworten zu können, braucht es schon mehr als einen Tag.

Zur ersten Frage.

Wer bin ich?

Die erste Frage scheint relativ schnell und leicht beantwortet zu sein. Wer bin ich? Anton Pipendeckel, Silvia Itzenblitz. Aber Sie können auch viel tiefer in diese Fragestellung hineingehen. Sie müssen kein großer Philosoph (Denker) sein, um sich Gedanken über sich selbst machen zu können.

Sie können zum Beispiel ein sogenanntes Selbstprofil von sich erstellen. Erfassen Sie dazu in einem Gittersystem ‚Charaktereigenschaften'. Dann geben Sie zu jeder Charaktereigenschaft eine Einschätzung zu sich selbst und erstellen so ein Selbstprofil. Eine vergleichbare Vorgehensweise zeigen wir weiter unten beim Thema Bewerbungs-Vorbereitungen.

Natürlich wissen Sie jetzt noch nicht, was andere über Sie denken beziehungsweise von Ihnen halten. Wäre das nicht interessant? Wenn ja, gibt es folgende – wenn auch praktisch sehr schwierig umzusetzende – Möglichkeit: Bitten Sie andere Personen, Sie einzuschätzen. Danach übertragen Sie die Fremdeinschätzung in Ihre Gitterliste. So entsteht ein Fremdprofil. Vielleicht sind einige Punkte deckungsgleich, vielleicht aber auch nicht.

Dort, wo keine Deckungsgleichheit vorliegt, sehen andere Sie anders als Sie sich selbst. In diesen Fällen können Sie sich Gedanken darüber machen, ob Sie in Zukunft anders gesehen werden wollen oder ob es Ihnen recht ist, wie der andere Sie sieht.

Wenn ja, überlegen Sie sich als Nächstes, was Sie genau tun können, um anders zu wirken. Sicherlich kann die beste Freundin oder der beste Freund einige gute Tipps geben.

Noch ein Hinweis am Ende: Bitte nicht enttäuscht oder böse sein, wenn die Fremdeinschätzung (Ihrer Meinung nach) nicht so toll ausfällt. Denn das bedeutet nur, dass Sie anders gesehen werden als Sie sich selbst.

Die zweite Frage scheint schon etwas schwieriger zu sein.

Was kann ich?

Leider geschieht es immer wieder, dass Jugendliche, zum Beispiel im Bewerbungsgespräch, vor dem Personalchef (oder der Personalchefin) sitzen und auf die Frage, was sie besonders gut können, keine Antwort wissen.

Und dabei kann jeder doch wirklich viel. Lassen Sie uns das ‚Können' in zwei Bereiche unterteilen:

- Erster Bereich: fachliches Können.
- Zweiter Bereich: menschliches Können.

Was ist darunter zu verstehen?

Fachliches Können umfasst Kenntnisse, die Sie in der Schule, während der Ausbildung oder im Studium erworben haben, oder die Ihnen von der Familie vermittelt wurden.

Dinge, die Sie von Ihren Freunden und Freundinnen erfahren haben, aber auch Dinge, die Sie als Hobby bezeichnen. Wenn Sie sich die Mühe machen und alle Dinge aufschreiben, die Sie können, werden Sie sehen, dass eine lange Liste zusammenkommt.

Dann fehlt allerdings noch der zweite Bereich, das sogenannte menschliche Können.

Hierunter wird zum Beispiel verstanden:

- Umgang mit anderen Menschen

- Freundlichkeit und Menschlichkeit
- aktiv zuhören können
- anderen ein Lächeln schenken
- und vieles mehr.

Auch hier werden Sie nach kurzer Überlegung eine Menge Bereiche zusammenbekommen. Wer sich die Mühe macht, sich dieser Punkte bewusst zu werden, kann seinem Ziel – mehr Selbstbewusstsein zu entwickeln – einen großen Schritt näherkommen.

Jetzt nur noch die dritte Frage.

Was will ich?

Haben Sie sich schon einmal Gedanken über Ihre Zukunft gemacht? Vielleicht sagen Sie jetzt:

„Dazu bin ich doch noch viel zu jung, um mir heute schon Gedanken über meine Zukunft zu machen."

Diese Ansicht muss nicht falsch sein. Es ist richtig, dass Sie HEUTE leben und nicht morgen. Andererseits ist unsere Gesellschaft sehr zukunftsorientiert. So lernen Sie für das Leben und damit für die Zukunft.

Viele Menschen schließen Versicherungen ab. Versicherungen sollen gegen alles Mögliche schützen, wie

- Krankheit
- Arbeitslosigkeit
- Unfall
- Tod (heißt eigenartigerweise Lebensversicherung)
- Feuer
- Wasser
- Sturm
- usw. usw.

Mit anderen Worten: Sie sichern sich für die Zukunft ab.

Realistische Zielsetzung

Die Zukunft muss aber nicht erst in fünfzig Jahren beginnen. Auch morgen ist schon Zukunft, sogar in einigen Minuten ist bereits Zukunft. Und in jeder Minute, an jedem Tag, in jedem Jahr wollen Sie etwas erreichen beziehungsweise erleben. Das, was Sie erreichen wollen, nennen Sie Ziele.

Um einen besseren Überblick zu behalten, gliedern sich Ziele in drei Gruppen:

- kurzfristige Ziele
- mittelfristige Ziele
- langfristige Ziele.

Bestimmt lässt sich davon ausgehen, dass auch Sie Ziele aus allen drei Gruppen haben.

Natürlich wird es kaum einem möglich sein, in die Zukunft zu schauen und genau wissen, was passieren wird. Aber die meisten Menschen möchten es doch so gut wie möglich haben.

Deshalb ist es sicherlich richtig, sich über die eigenen Ziele Gedanken zu machen.

Zum Beispiel:

- Was möchten Sie erreichen?
- Wo möchten Sie leben?
- Wie möchten Sie leben?
- Was wollen Sie einmal verdienen?
- Was wollen Sie arbeiten?

Bitte beachten Sie, dass es sich bei den Zielen um sogenannte realistische (erfüllbare) Ziele handeln soll. Denn sie sollen ja auch erfüllbar sein. Je genauer die Ziele gesteckt sind, desto genauer wissen Sie auch, was Sie erreichen wollen.

- Sie wissen, was Sie tun wollen (müssen).
- Sie wissen, wie Sie sich in bestimmten Situationen (Bewerbungsgespräch, Verkaufsgespräch) erfolgsorientiert verhalten sollen.

Somit sind Sie sich selbst noch bewusst(er).

Ihr Selbstbewusstsein steigt.

Je stärker Ihr Selbstbewusstsein, desto erfolgreicher kann Ihr Auftreten sein. Und schon sind Sie am Ziel.

> **Übrigens:**
> Der Umgang mit selbstbewussten Menschen macht Spaß und bringt Erfolg. Selbstbewusstes Auftreten – das ist es, was viele sich wünschen!

Der zweite Eindruck

Der Eindruck, der die Handlung auslöst

Die Logik sagt: Gibt es einen ersten Eindruck, muss es auch einen zweiten Eindruck geben. Und tatsächlich: Es existiert tatsächlich ein zweiter Eindruck.

Stellen Sie sich ein Vorstellungsgespräch vor.

Der Personalchef/die Personalchefin hat Sie empfangen und einen ersten Eindruck von Ihnen erhalten. Nehmen wir an, der erste Eindruck sei positiv verlaufen. Der Personalverantwortliche bringt Sie nun in das Besprechungszimmer. Hier beginnt das „eigentliche" Bewerbungsgespräch. Dieses Gespräch kann zwischen 45 Minuten und einer Stunde dauern. Tatsächlich bildet sich nach einer gewissen Zeit während des Gesprächs bereits der sogenannte zweite Eindruck.

Der zweite Eindruck sagt dem Personalverantwortlichen: „Ja, der Kandidat/die Kandidatin ist die richtige Arbeitskraft für uns." Allerdings wird er dem Kandidaten diese Information jetzt noch nicht geben. Was glauben Sie, wie lange das Gehirn des Personalverantwortlichen benötigt, um einen zweiten Eindruck von Ihnen zu erhalten? Also: im Kopf entscheiden zu können, ja, das ist der geeignete Kandidat?

Schätzen Sie die Zeit, die wir brauchen, um einen zweiten Eindruck zu erhalten.

Sie haben sich entschieden? Dann lesen Sie weiter.

Vier kurze Minuten

Es sind – kaum zu glauben – vier Minuten. Nur vier Minuten!

Sind Sie überrascht? Hätten Sie das gedacht?

Was bedeutet das? Das bedeutet, dass in nur ganz kurzer Zeit entschieden wird, ob der Kandidat geeignet ist.

Bitte berücksichtigen Sie dabei, dass diese vier Minuten (natürlich sind diese vier Minuten nur ein Durchschnittswert) zum Beispiel greifen in:

- einem Bewerbungsgespräch
- einer Präsentation
- einer Vorstellung
- einem Verkaufsgespräch
- der Unterbreitung eines Vorschlags

- und vieles andere mehr.

Vielleicht sagen Sie jetzt:

- „Aber nach vier Minuten weiß der Personalchef doch noch gar nicht, ob ich die Arbeiten richtig ausüben kann."

Damit haben Sie zweifelsohne Recht. Und das ist wieder genau der schwer greifbare Punkt, um den es hier geht. Sie können erkennen, dass es zum Beispiel in einem Bewerbungsgespräch offensichtlich nicht in erster Linie auf die fachlichen Kenntnisse ankommt, sondern auf die menschlichen Komponenten.

Achtung: Damit wir uns richtig verstehen – ohne fachliche Kenntnisse geht es nicht. Aber im Gespräch selbst zählt die menschliche Komponente eindeutig mehr.

Und was macht diese menschliche Komponente aus? Wie bereits weiter oben erwähnt:

- Wertschätzender Umgang mit anderen Personen
- Höflichkeit, Freundlichkeit und Menschlichkeit
- Interessiert und aktiv zuhören können
- Anderen ein offenes und ehrlich gemeintes Lächeln schenken
- Zur eigenen Persönlichkeit stehen: Authentizität zeigen
- Geduldig sein und offen gegenüber neuen Meinungen sein
- und vieles mehr.

Oder kürzer gesagt: Die ‚Chemie' muss stimmen. Vielleicht ist das im Einzelfall ungerecht. Aber der Durchschnitts-Mensch reagiert nun einmal so. Wenn Sie dieses Wissen akzeptieren, können Sie daraus Vorteile ziehen. Wie? Nun, ganz einfach. Indem Sie Ihre menschlichen Komponenten in einem Gespräch dieser Art in den Vordergrund stellen!

Versuchen Sie es doch einfach einmal. Möglicherweise erkennen Sie, dass Sie mit anderen noch harmonischer auskommen können, als Sie selbst dachten. Und nicht nur harmonischer, sondern auch zielorientierter. Also: Mehr Erfolg durch einen positiven zweiten Eindruck.

Die langfristige Wirkung

Die meisten Menschen halten an dem ersten gewonnenen Eindruck auf lange Zeit fest. Oft erst nach Wochen, Monaten, manchmal Jahren kann sich dieser gefestigte Eindruck verändern. Wir hören dann:

- „Das hätte ich gar nicht von ihr/ihm gedacht."

Erst jetzt hat sich wohl der Eindruck gewandelt.

Langfristig gesehen können auch zurückhaltende oder gehemmte Menschen überzeugen. Nicht, wer als erster den Mund aufreißt, hat immer Recht.

Er wird allerdings deutlicher gehört und kann damit entscheidend in nachfolgende Prozesse (Abläufe) eingreifen.

Auf die meisten Menschen wirkt solch ein Verhalten aggressiv und egoistisch. Aber: Wer gleich zu Beginn den Kopf weit vorstreckt, hat oft bessere Karten! In einem Bewerbungsgespräch etwa muss der Kandidat sofort überzeugen, dazu hat er wohl kaum ein halbes Jahr Zeit.

Wer in der heutigen Gesellschaft Erfolg haben will, dem bleibt kaum etwas anderes übrig, als sich gesellschaftskonform (übereinstimmend) zu verhalten, um akzeptiert zu werden. Das heißt nicht, dass er nur ‚Ja und Amen' sagen soll. Die eigene Meinung muss unbedingt erhalten bleiben. Der Einstieg zum Erfolg führt nun mal über den ersten und zweiten Eindruck.

Wenn Sie in gelbem Badeoutfit zum Bewerbungsgespräch erscheinen, werden die wenigsten das als starkes Selbstbewusstsein definieren.

Die entscheidende Wirkung auf das Gegenüber

Für eine Person gilt:

Natürlich kann es ‚an sich' egal sein, wie Sie auf andere Menschen wirken. Im tatsächlichen (Arbeits-)Leben bringt es allerdings meistens Vorteile, wenn Sie auf andere Menschen einen möglichst positiven Eindruck hinterlassen. Und zwar vom ersten Augenblick an, so etwa

- im Bewerbungsgespräch
- beim Praktikum
- bei einer Kreditaufnahme bei der Bank
- wenn Sie jemanden kennenlernen möchten.

Das Outfit

Mit Outfit ist das äußere Erscheinungsbild aufgrund der Bekleidung einer Person gemeint. Genauer gesagt die Elemente, die zu diesem Erscheinungsbild beitragen.

Natürlich müssen Sie sich nicht in Kleidung zwängen, in der Sie sich absolut nicht wohl fühlen. Aber die Kleidung – speziell bei etwas formaleren (vorschriftsmäßigen) Anlässen – sollte sein:

- sauber im Sinne von gepflegt
- passend zur eigenen Person
- passend zum Anlass (zum Beispiel im Vorstellungsgespräch)
- passend zur Zielgruppe (bei der Kaffeetafel der Erbtante)
- passend zum Ort (Nobelhotel).
- Und trotz allem so, dass Sie sich in Ihrer Kleidung wohlfühlen.

Wenn Sie diese Punkte berücksichtigen, werden Sie sehr wahrscheinlich mit sich selbst zufrieden sein und somit einen guten Eindruck hinterlassen, da Sie entsprechend selbstsicher auftreten. Und noch ein kleiner Nebeneffekt: Sie fühlen sich gut!

Make-up

Es ist schon lange kein Geheimnis mehr, dass Menschen tagtäglich Tonnen von Cremes benutzen, um ihre Gesichtszüge zu unterstreichen. Manchmal sollen damit auch ungeliebte Falten verdeckt werden.

Auch immer mehr junge Männer gehen in entsprechende Studios, um sich die Gesichtshaut verwöhnen zu lassen. Unserer Meinung nach soll Make-up so aufgetragen werden, dass es die Persönlichkeit unterstreicht. Damit ist gemeint, dass Make-up nicht zuerst ins Auge fallen soll.

Der Mensch als Ganzes soll positiv wirken. Mit einem vernünftig eingesetzten Make-up lässt sich das erreichen.

> **Übrigens:**
> Auch am Nachmittag soll das Make-up noch passend sein.

Duft

Seien wir mal ganz ehrlich: Wenn das Wort ‚Duft' fällt, denken Sie dann im ersten Moment an etwas Positives oder Negatives? Die meisten Menschen werden zuerst an etwas Positives denken. Aber zu viel aufgetragener Duft kann ohne weiteres auch nachteilig wirken. Nämlich dann, wenn er von der Persönlichkeit ablenkt. Wie beim Make-up, so soll auch das Parfum die Persönlichkeit unterstreichen. Schnell wirkt ein Mensch, der zu stark parfümiert ist, negativ auf andere.

Bitte auch berücksichtigen: Duft ist nicht immer gleichzusetzen mit Parfum. Sie treffen zum Beispiel auch auf Menschen, die

> **Übrigens:**
> Jeder Mensch hat einen individuellen Körpergeruch, der von anderen üblicherweise unbewusst wahrgenommen wird.

- stark nach Zigarettenrauch riechen
- deren Mundgeruch geradezu abstoßend sein kann
- nur in äußersten Notfällen Deodorants benutzen
- noch eine kleine Alkoholwolke mit sich umhertragen.

Wenn Sie jemanden nicht mögen, sagen Sie:

- „Den kann ich nicht riechen!"

Also: Auch Duft oder Geruch zählt zur Persönlichkeit.

Schmuck und Accessoires, Piercings und Tattoos

Während die einen eher nüchtern/angemessen gekleidet auftreten, behängen sich die anderen mit allerlei Devotionalien wie ein Weihnachtsbaum. Gemeint ist Schmuck. Ohrschmuck, Haarschmuck, Nasenschmuck, Piercings aller Art, Ketten, Armbänder, Uhren, aber auch Brillen und sonstige Accessoires (Zubehör).

Manche behängen sich mit Modeschmuck, andere setzen sich dezent einen Brillanten auf die Haut.

Natürlich ist auch hier wieder klar, dass jeder tragen kann, was er will. Aber Sie möchten ja einen positiven Eindruck auf unser Gegenüber machen. Deshalb ist die Frage sehr wohl erlaubt, welcher Schmuck passend ist.

Welchen Schmuck können Männer (zum Beispiel Ohrschmuck) beim Vorstellungsgespräch tragen? Was mag sich ein Kunde denken, wenn er den Verkäufer mit ausgefallenem Schmuck arbeiten sieht? Gibt es Sicherheitsgründe, weshalb bei manchen Berufen kein Schmuck getragen werden darf, zum Beispiel wegen Verletzungsgefahr?

Bitte unterschätzen Sie nicht die Gefahr, mit einem Schmuckstück in einer Maschine hängenzubleiben. Ganz gefährlich können hier etwa Ketten sein, die sich beim Herunterbeugen in einer Maschine verfangen können.

Genauso wie bei den beiden Vorthemen sind wir auch wieder der Meinung, dass Schmuck zur Person passen soll. Bei der Einen passt eine hübsche Halskette sehr wohl, bei der Anderen ein farblich abgestimmter Ohrschmuck.

In allen Fällen sollte der Schmuck nicht übertrieben wirken. Je nachdem, mit wem Sie es zu tun haben und wo, mag in dem einen oder anderen Fall nicht jeder Schmuck angebracht sein.

Wenn Sie sich zum Beispiel um einen Arbeitsplatz im Dienstleistungsgewerbe der eher konservativen (am Bewährten festhaltenden) Art bewerben, ist sicherlich ein dezenterer (unaufdringlicher) Schmuck angebracht als in einem Laden, der Jeans oder Sportartikel für junge Menschen verkauft.

Auch wurde schon manche Großmutter geschockt, wenn die Enkelin oder der Enkel an Zunge, Bauchnabel, Nase gepierct beim Kaffeekränzchen auftaucht. Ist etwas Rücksichtnahme hier fehl am Platze?

Ausgefallener Zahnschmuck

Nach Piercings und Tattoos sind die Zähne dran. Der Handel bietet inzwischen ausgefallenen Zahnschmuck. Sie finden aufklebbare Goldfolien, sogenannte 'Dazzler', in allen möglichen Formen, wie zum Beispiel Tiermotive.

Aber auch Anarchie-Zeichen (Gesetzlosigkeit) sind im Handel erhältlich. Daneben gibt es auch abnehmbare Zahnkappen mit eingefassten Brillanten.

Auch nicht schlecht: Keramik-Kronen mit eingebrannten Ornamenten (Verschnörkelung), wie zum Beispiel Blumenmotiven.

Es ist kein Geheimnis, dass Menschen einen unterschiedlichen Geschmack haben können. Es kann den zwischenmenschlichen Umgang demnach einschränken, wenn sich eine Person mit schier unendlich vielen Tattoos und Piercings schmückt. In einem Bewerbungsseminar erschien einmal ein junger Mann, dessen Gesicht und Arme über und über mit Tätowierungen ‚geziert' waren. Tatsächlich schien keine sichtbare Hautstelle ausgelassen. Sogar auf den Augenlidern (!) war dieser Mann tätowiert.

Es war deshalb nicht überraschend zu erfahren, dass dieser junge Mann seit mehreren Jahren auf Arbeitsuche war. Wer ‚seine Haut zu Markte trägt', muss wohl mit entsprechenden Reaktionen in unserer Gesellschaft rechnen.

Also bitte überlegen Sie: Inwieweit passt Schmuck zur Person und zum angestrebten beziehungsweise ausgeführten Berufsleben?

Haare

Um es gleich vorwegzunehmen: In der heutigen Zeit ist es fast (!) gleich, ob ein Kandidat mit langen, kurzen oder gar keinen Haaren auftritt. Allerdings zählt nach wie vor, dass die Haare gepflegt sein müssen.

Ob lange Haare offen getragen oder zu einem Zopf zusammengehalten werden, ist auch hier eine Frage des Anlasses.

Allerdings: Vor wenigen Jahren forderte eine Polizeistelle in Nordrhein-Westfalen ihre Polizisten auf, sich keine Glatze schneiden zu lassen, um bei den BürgerInnen keinen ‚rechtsorientierten' Eindruck zu erwecken.

Es zeugt von schwachem Selbstbewusstsein, wenn jemand mit seinen Fingern ständig in seinen Haaren spielt. Manch einer oder eine dreht sich ständig kleine Löckchen, der oder die andere fährt mit der Hand immer wieder seitlich durch die Haare oder wischt sich Strähnen aus der Stirn. Insgesamt kein ansprechendes Bild.

Dieses Verhaltensmuster heißt ‚Sich-Schön-Machen'.

Es ist besonders dann zu beobachten, wenn ein Mann (zum Beispiel ein Chef) und eine Frau (zum Beispiel eine Bewerberin) aufeinandertreffen.

Die Frau fährt sich mit der Hand durch das Haar und macht sich unbewusst schön.

> **Übrigens:**
> Finden Sie es angenehm, wenn bei Ihrem Gegenüber die Haare aneinanderkleben? Oder wenn Sie befürchten müssen, dass kleinste Tierchen auf den Haaren Weitspringen üben?

Anscheinend haben es optisch schöne Menschen doch leichter, andere zu überzeugen.

Neben den Kopfhaaren soll die Aufmerksamkeit auch auf den Bartwuchs gerichtet werden. Je nach Mode mag ein Bart oder ein Drei-Tage-Bart aktuell sein. Auch hier gilt vor allem: Gepflegte Sauberkeit rangiert an erster Stelle.

> **Übrigens:**
> Manche junge Männer verwechseln unrasiert sein mit Drei-Tage-Bart.

Wir haben demselben Gesicht neun verschiedene Frisuren gegeben. Mit welcher Frisur sieht unser Kandidat Ihrer Meinung nach am unvorteilhaftesten aus? Welche passt am besten?

Teil 3

Mein Gegenüber und Ich

Austausch mit anderen

Schau' mir in die Augen, Kleines ...

Die Augen sagen sehr viel aus – genauer gesagt: der Blickkontakt. Europäische Frauen schauen fremden Männern zuerst in die Augen, dann auf die Hände und schließlich auf den Po. (Übrigens, bei Männern soll das anders sein: Zuerst schauen sie einer fremden Frau auf die Brust, dann auf den Po und anschließend auf die Beine.)

Kehren wir zurück zu den Augen. Viele kennen den Spruch: „Der oder die kann mir nicht die Augen schauen." In hiesiger Kultur wird das so gedeutet: „Der oder die hat etwas zu verbergen."

Mit anderen Worten: Die Person, die es nicht schafft, einen direkten Augenkontakt zu halten, wird als ‚schwach' bezeichnet. Obwohl das auch mit Schüchternheit oder Unsicherheit zu tun haben kann. Vergessen Sie dabei nicht, dass von der europäischen (speziell westeuropäischen) Kultur gesprochen wird. In anderen Ländern herrschen andere Regeln. Deshalb kann die Augenhaltung dort auch gegebenenfalls unterschiedlich gewertet werden.

Immer wieder heißt es, dass die Augen die Sinneskanäle widerspiegeln. Je nachdem, wohin Sie während einer Kommunikation schauen, arbeitet das Gehirn unterschiedlich und Sie handeln in einer bestimmten Art. Wenn Sie das wissen, können Sie sich auf die ‚Wellenlänge' Ihres Gegenübers besser einlassen. Sie können ihn besser verstehen.

Jede Körperhaltung – hier die Augenstellung – können Sie nur dann einigermaßen deuten, wenn sie als Reaktion auf eine Aktion erfolgt.

Damit meinen wir Folgendes: Sie sagen oder tun etwas, und die Person gegenüber reagiert. Sie reagiert, indem sie etwas sagt oder indem sie ihre Körperhaltung ändert. Es kann auch beides gleichzeitig geschehen.

Also: Sie sollten die Körpersprache – ganz besonders hier die Augenstellung – nur dann deuten, wenn sie als Reaktion erfolgte.

Wohin die Pupillen zeigen

Auf der folgenden Seite sind einige Augenbewegungen dargestellt.

Alle Darstellungen und Aussagen gelten für Rechtshänder. Bei Linkshändern gilt alles spiegelverkehrt. Die Person schaut uns jedes Mal an.

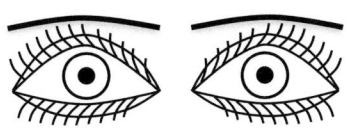

Mit geradem Blick schauen.

Ein offener Informationsaustausch ist möglich.

Die Person schaut das Gegenüber interessiert und aufmerksam an und hört entsprechend aufmerksam zu.

Dies ist ein positives Zeichen für einen Dialog.

Die Augen starren.

Die Person zeigt durch diesen starren Blick, dass sie sich vom Gegenüber nicht einschüchtern lässt.

Das kann auch aggressiv, ängstlich wirken, aber auch erstaunt.

Derjenige, der als erster zur Seite schaut, ‚hat verloren', bezieht also die schwächere Position.

Die Augen zeigen zum Himmel.

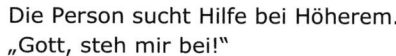

Die Person sucht Hilfe bei Höherem. „Gott, steh mir bei!"

Dieser Blick kann aber auch bedeuten, dass sich die Person über eine andere lustig macht: „Ach du lieber Himmel, was sagt der denn nun schon wieder?"

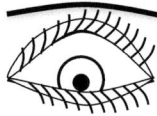

Die Augen zeigen nach unten.

Die Person schaut nach unten. In unserer Kultur gilt: „Der kann mir nicht in die Augen schauen, hat also etwas zu verbergen." Die Person macht sich selbst schwächer, als sie ist. Schlechte Ausgangsbasis bei der Gesprächsführung.

Die Augen schauen nach links oben (aus Sicht des Betreffenden).

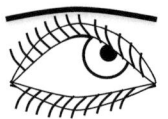

Ein Rechtshänder sucht nach Erinnerungen in der linken Hirnhälfte. Gesucht wird, was tatsächlich abgespeichert wurde.

Es kann davon ausgegangen werden, dass das Gefundene der Wahrheit entspricht oder etwas ist, das als ‚wahr' abgespeichert wurde. Bei Linkshändern gilt das Gesagte spiegelverkehrt.

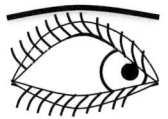 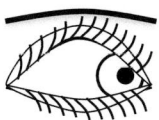

Die Augen schauen nach links.

Gesucht wird nach gespeicherten Tönen, Lauten und Geräuschen.

 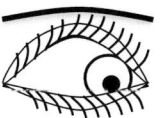

Die Augen schauen nach links unten.

Gesucht wird speziell nach gespeicherten Gerüchen.

Die Augen schauen nach rechts oben (aus Sicht des Betreffenden).

Ein Rechtshänder sucht nach Erinnerungen in der rechten Hirnhälfte. Gesucht wird, was ,fantastisch' erscheint.

Diese Augenbewegung kann beobachtet werden, wenn die Person eine erfundene Geschichte erzählen soll oder eine Tatsache bildhaft darstellt und dabei sagt: „Stellen Sie sich einmal vor ...".

Die Person schöpft aus dem Bereich der Kreativität und des Vorgestellten; nicht zwangsläufig aus der Wahrheit. Bei Linkshändern gilt das Gesagte spiegelverkehrt.

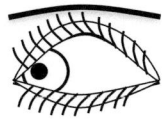 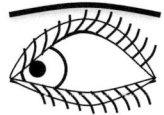

Die Augen schauen nach rechts außen.

Die Person stellt sich Töne, Laute und Geräusche vor. Gesucht wird, wie etwas sein könnte. Das Ergebnis könnte als kreativ definiert werden.

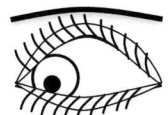 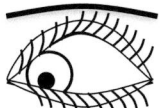

Die Augen schauen nach rechts unten.

Die Person stellt sich Gefühle und Gerüche vor. Gesucht wird, wie etwas sein könnte. Es kann auch hier davon ausgegangen werden, dass das Ergebnis eher der Vorstellung entspringt.

Interessiert wirken

In einem Gespräch möchten Sie überzeugend, interessiert und selbstbewusst wirken. Deshalb ist es höflich und außerdem vorteilhaft, den Blickkontakt so zu halten, wie oben in der ersten Abbildung gezeigt. Ein zu langer Blickkontakt kann auf den anderen herausfordernd wirken.

Um beim Gesprächspartner keine Aggression zu erzeugen, sollte der Blickkontakt hin und wieder unterbrochen werden.

Im Bewerbungsgespräch empfiehlt es sich, trotz des gut bewerteten, dauerhaften Blickkontaktes, zur eigenen ‚Beruhigung' hin und wieder kurz am Gesprächspartner vorbeizuschauen.

Oder: Wenn Sie eine Schreibunterlage dabeihaben und sich darauf Notizen machen, zeugt das eher von Interesse als von mangelnder Aufmerksamkeit. Dies gilt auch für ein Verkaufsgespräch.

Manchen Menschen fällt es sehr schwer, den Blickkontakt selbstbewusst zu halten. Durch ständige Übung kann Sicherheit auch bei längerem Blickkontakt erreicht werden.

Wenn Sie in der Stadt, in Fußgängerpassagen, in der Straßenbahn oder im Bus darauf achten, wie andere Menschen Blickkontakt halten, werden Sie feststellen, dass – in unserer Kultur – viele Menschen den Blick nach unten richten.

Lächeln entwaffnet

Es gibt wohl nur ganz wenige Elemente der Körpersprache, die weltweit – also in allen Kulturen – gleich gedeutet werden können. Eindeutig zählt hierzu das Lächeln. Wo immer Sie sich auf der Welt befinden, mit wem auch immer Sie es zu tun haben, das Lächeln wird gleich positiv gewertet.

Offensichtlich reagieren schon Babys mit Freude auf eine lächelnde Person.

Eine lächelnde Person wirkt also in der Regel sympathisch. Die meisten Menschen sind gerne mit Menschen zusammen, die gut gelaunt und fröhlich sind, die lachen oder lächeln. Es ist schon lange bekannt, dass manch schwierige Situation oder Herausforderung im Leben sich viel leichter und einfacher bewältigen lässt, wenn Sie die Sache mit einem Lächeln angehen können.

Sogar Konfliktsituationen, seien es Kritikgespräche oder Auseinandersetzungen mit Eltern, Lehrern, Mitschülern, Freunden und Freundinnen, lassen sich einfacher lösen, wenn Sie nicht ganz so finster aussehen. Mit einem kurzen Lächeln lässt sich Sympathie gewinnen.

Es ist sogar nachgewiesen, dass ein Mensch, der sich morgens schon selbst im Spiegel anlächeln kann, erfolgreicher durch den Tag geht als einer, der missgelaunt aus dem Bett kriecht.

Welcher dieser Smileys sagt Ihnen am ehesten zu?

Wussten Sie, dass manche Telefonverkäufer beziehungsweise Telefonverkäuferinnen (das sind Menschen, die per Telefon Waren verkaufen) sich einen lächelnden Smiley ans Telefon beziehungsweise an den Monitor kleben, um sogar via Telefonleitung ein Lächeln zu vermitteln? Eine Redensart sagt: „Lächeln sehen die Blinden und hören die Tauben" (korrekt heißt es ‚Gehörlosen').

Die Mimik

Gute Miene (Gesichtsausdruck, Gesichtszüge, Gebärden, Grimasse, Mienenspiel) zum bösen Spiel machen. Mimik – das sind die Gesichtszüge.

Dazu zählen neben dem Runzeln der Stirn oder dem ‚Hochziehen' der Nase eben das Lächeln und Lachen, die Lachfalten neben den Augen (bitte nicht liften lassen!), Lachgrübchen, und – wer kann – das Wackeln mit den Ohren.

Dass die Augen eine große Rolle spielen, wurde im vorangegangenen Kapitel bereits besprochen.

Wie wirken diese lachenden Personen auf Sie? Welches dieser Lachen empfinden Sie als sympathisch, welches als aufgesetzt? Erscheint Ihnen das eine oder andere Lachen übertrieben oder kommt es aus dem Herzen?

Die meisten Befragten finden das Lächeln auf dem linken Bild am ansprechendsten.

Hand reichen – Bakterien übertragen?

Manch einer sagt, dass bei jedem Händedruck Millionen von Bakterien den Besitzer wechseln. Immer wieder wird in Medien empfohlen, aus hygienischen Gründen auf den Handschlag zu verzichten.

Kursiert gerade eine Grippewelle, so ist das nachvollziehbar. Hustet Ihr Gegenüber ständig in seine Grußhand, dann selbstverständlich auch.

Übrigens: Das zukünftige Zusammenleben mit Robotern wird gerne menschenfreundlich mit einem Händedruck zwischen Mensch und Roboter dargestellt.

Das soll gegenseitiges Verständnis und Sympathie aufbauen und der zukünftigen Zusammenarbeit die Wege ebnen.

Die Hand reichen!

Wem wird wann die Hand gereicht? In unserer Kultur gilt:

Sie reichen die Hand, wenn Sie

- jemanden begrüßen,
- jemanden verabschieden,
- jemandem gratulieren,
- jemandem kondolieren (Ihr Beileid aussprechen),
- jemandem vorgestellt werden,
- ein Verkaufsgespräch führen (zum Beispiel ein Bewerbungsgespräch),
- ein Gespräch führen, das starke soziale Bindung fordert (zum Beispiel beim Anwalt).

Sie geben üblicherweise keine Hand, wenn Sie:

- als Käufer in einem Kaufhaus auftreten,
- einen Fremden auf der Straße ansprechen (um zum Beispiel nach dem Weg zu fragen),

- als Gast ein Restaurant betreten (Ausnahme: Als Stammgast mögen Sie eventuell mit Handschlag begrüßt werden),
- als Kunde im Supermarkt einkaufen.

Hand geben oder nicht?

In folgenden Fällen ist individuell zu entscheiden:

- beim Arzt (Hausarzt),
- unter Kollegen und Kolleginnen am Arbeitsplatz,
- zwischen Chef/Chefin und Mitarbeitern.

Die Hand zu geben schafft auf jeden Fall Nähe. Allein schon körperliche Nähe. Genau genommen gibt es nichts Intimeres als einen anderen Menschen von Haut zu Haut zu berühren. Menschen, die Sie überhaupt nicht ausstehen können, werden Sie auch kaum (im positiven Sinne) berühren wollen. Deshalb werden Sie hier sehr wahrscheinlich auch nicht die Hand zur Begrüßung reichen.

„Die beiden scheinen sich ja gut zu kennen."

Menschen, mit denen Sie sich versöhnen wollen (oder sollen), sollen (oder wollen) Sie die Hand zur Versöhnung reichen. Es ist Ihre Entscheidung, mit wem Sie den Händedruck austauschen.

Trotz aller hygienischen Bedenken ist es vorteilhaft, einem Gesprächspartner die Hand zu reichen.

Andererseits sollen Sie niemanden zur Begrüßung mit Handschlag nötigen. Unabhängig von Alter, Geschlecht oder Rang bleibt es jedem selbst überlassen, die Hand zum Gruß anzubieten.

Wird Ihnen eine Hand zum Gruß entgegengestreckt und Sie ergreifen die Hand nicht, ist das Ihre Entscheidung, auch wenn der andere meinen könnte, gerade ‚einen Korb' bekommen zu haben.

Einige wenige Menschen haben noch Umgangsformen im Kopf, die in der heutigen Geschäftswelt überholt sind. So meinen sie, dass nur die ältere oder eine ranghöhere Person berechtigt sei, einer anderen Person die Hand zum Gruß zu reichen. In gewissen Kreisen scheint das noch angemessen zu sein.

Für moderne Menschen gilt allerdings, dass jeder jedem die Hand reichen kann. Dabei ist es gleich, welches Alter, welches Geschlecht, welchen Rang sein Gegenüber einnimmt.

Der Händedruck und was er aussagt

Die Hände sind ein sehr starkes Instrument des Ausdrucks. Sie können unterstützend bestätigen oder abwehrend blockieren.

- Manch einer sagt, dass wir uns zu häufig die Hand reichen.
- Manch einer sagt: „Ich möchte mich nicht in die Hände einer anderen Person begeben".

Ein anderer meint, durch den Händedruck wird gezeigt, dass das Gegenüber gemocht wird. Ein Verkäufer behauptet: „Ich begrüße meine Kunden immer mit Handschlag. Das schafft Nähe und Vertrauen." Ein weiterer ergänzt: „Menschen die ich mag, begrüße ich immer mit Handschlag."

Wir meinen:

In der heutigen Zeit geht es eher kühl zu und Egoismus beherrscht (Land auf, Land ab) das Leben. Jeder geht seinen Weg. Jeder backt sozusagen seine Brötchen alleine. Viele haben Angst, einen anderen zu berühren. Tja, manchmal ist es sogar verpönt einen anderen zu berühren. Ein Schulterklopfen? Gut oder schlecht? Eine Umarmung? Nicht jeder mag es. Aber die Hand geben?

Wissenschaftler und Psychologen der Universität Alabama, konkret das Forschungsteam um William F. Chaplin, haben festgestellt, dass es eine Art Standardausführung des festen Händedrucks gibt (Quelle: Journal of Personality and Social Psychology 1/2000'):

Die Hand wird vollständig umfasst und ziemlich kräftig und ausdauernd gedrückt. Die Augen suchen dabei den Blickkontakt. Wer sein Gegenüber auf diese Weise begrüßt, hat bei ihm schon mal einen Stein im Brett. Diese Art des Händedrucks hinterlässt einen positiven Eindruck.

Wer die Hände so schüttelt, wird als aufgeschlossen, gewissenhaft, verträglich, positiv gestimmt, offen und zugewandt eingestuft.

Fällt der Händedruck hingegen zu lasch aus, wird dem Gegenüber gerne Schwäche, Unsicherheit oder mangelndes Selbstbewusstsein nachgesagt. Schlecht für das Geschäft ...

Die Art die Hand zu reichen

Wenn Sie die Hand geben, stehen Sie sich gegenüber. Sie begegnen sich sozusagen auf gleicher Augenhöhe. Beide Handflächen berühren sich.

| Von oben ausgeführt, eventuell den anderen fest umklammernd. (Machtausübung. Nicht gut.) | Hier ist der Händedruck gleichberechtigt und gleichwertig. |

Manche geben die Hand deutlich von weit oben und zeigen damit, dass sie sich ‚über' dem Gesprächspartner fühlen. Auch ist es eher unangenehm, wenn einer die Handfläche nicht auflegt, sondern den Handrücken wölbt. Es entsteht dadurch eine Hohlfläche zwischen beiden Händen. Heißt das: „Ich mag dich nicht berühren?"

Hin und wieder treten Brüder eines Terminators auf, wie ehemals Arnold Schwarzenegger. Diese Menschen fühlen den Zwang zu zeigen, wie gut durchtrainiert ihre Handmuskeln sind. Sie scheinen dabei keine Rücksicht auf die Knochen des Gegenübers nehmen zu wollen. Das muss doch wohl nicht sein?

Andererseits ist es auch nicht für jeden angenehm eine Art ‚Waschlappen-Hand' zu ergreifen. Auch wenn es nicht stimmen muss, aber diesen Menschen wird oft nachgesagt, dass sie einen schwachen Charakter haben.

> **Übrigens:**
> Die rechte Hand ist die Grußhand.

Also: nicht zu fest – nicht zu lasch, auf gleicher Höhe wie das Gegenüber.

Übrigens: Beim Handreichen bleibt die zweite Hand nicht in der Hosentasche!

Wem wird zuerst die Hand gereicht?

An sich ist diese Frage ganz leicht zu beantworten. Orientieren Sie sich am Rang. Das heißt, begrüßen Sie zuerst die ranghöhere Person, dann die Person, die rangniedriger ist.

Wer ist ranghöher beim Händedruck?

Ranghöher sind:

- Damen (im Vergleich zu Herren),
- Ältere (im Vergleich zur Jüngeren),
- Vorgesetzte (im Vergleich zu Mitarbeitern).

Ganz Pfiffige werden bereits gemerkt haben, dass sie leicht in eine Konfliktsituation geraten können, wenn zum Beispiel mehrere Damen begrüßt werden sollen. Wen begrüßen Sie zuerst? Auch hier gilt die Regel, dass die ältere Person vor der jüngeren begrüßt wird.

> **Übrigens:**
>
> Wird Ihnen eine Hand zum Gruß entgegengestreckt und Sie ergreifen sie nicht, haben Sie hier jemandem einen Korb gegeben!

Nach den modernen Umgangsformen ist das zwar korrekt, aber damit würden Sie möglicherweise der ältesten Person ungewollt vor den Kopf stoßen! Sie hätten dann – trotz aller richtigen Begrüßungsregeln – einen Fauxpas begangen.

Nicht jeder möchte unbedingt als alt und schon gar nicht als die älteste Person erkannt werden.

Wie kommen Sie aus dem Teufelskreis heraus? Sie können sich vorstellen, wie kompliziert das in der Realität wird. Deshalb gilt folgende Regel: Gehen Sie der Reihe nach! Dabei spielt es keine Rolle, ob Sie im oder gegen den Uhrzeigersinn vorgehen. Wenn Sie in dieser Weise vorgehen, dann sagen Sie – allerdings hörbar – dazu:

- „Ich darf eben mal der Reihe nach gehen." oder
- „Ich gehe eben mal der Reihe nach". oder
- „Ich begrüße Sie der Reihe nach".

Dann wird sich niemand verletzt fühlen.

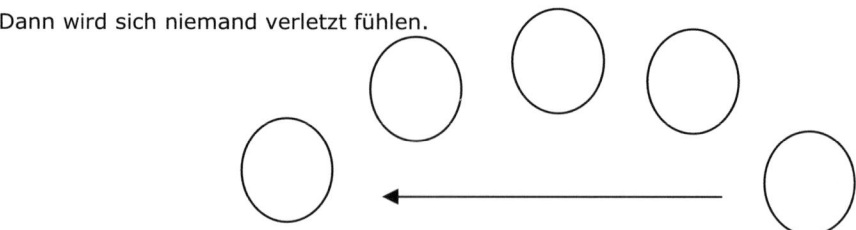

Oder so:

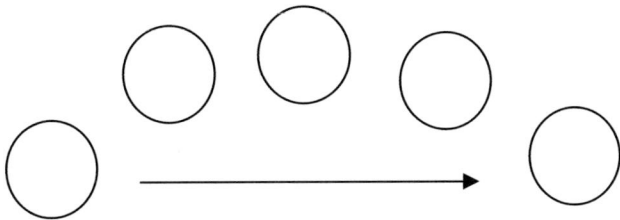

Sollte sich unter den Anwesenden eine <u>deutlich</u> ältere Person befinden, können Sie diese zuerst begrüßen und gehen dann im Uhrzeigersinn der Reihe nach.

Die Begrüßung – Hände über Kreuz! Bringt das Unglück?

Die Gäste begrüßen sich gegenseitig, sofern sie nicht vorgestellt werden müssen.

Begrüßt wird dem Rang nach, also

- zuerst die Dame, dann der Herr
- zuerst die ältere Person, dann die jüngere Person
- zuerst die ranghöhere Person, dann die rangniedere Person
- zuerst der Fremde, dann der Bekannte
- zuerst der Ausländer, dann der Inländer

Es wird sich herzlich begrüßt, die rechte Hand geboten und sich dabei direkt in die Augen geschaut. Ein Lächeln ist bereits der Anfang zu einem angenehmen Klima.

Da sich Menschen (aus Gründen des Aberglaubens) Hände nicht über Kreuz reichen sollen, gibt es eine Vorgehensweise, das zu vermeiden.

Vorstellen und Bekannt machen

Auf den Händedruck und den Augenkontakt wurde bereits eingegangen. Hier wird nun die tatsächliche Form des Begrüßens und des Vorstellens gezeigt.

Zwei Paare stehen sich gegenüber

Zwei Paare stehen sich gegenüber und verfahren wie folgt:

1. Schritt; Diagonal. Zuerst reichen sich die beiden Damen (in Grau) die Hand.

2. Schritt: Parallel. Die gegenüber Stehenden reichen sich die Hand.

3. Schritt: Diagonal. Und schließlich geben sich die beiden Herren die Hand.

Dabei stehen die Paare in Blickrichtung immer so, dass der Herr links von der Dame steht.

Die Vorstellung

Die Vorstellung erfolgt ebenso unter Berücksichtigung des gesellschaftlichen ‚Rangs'. Die rangniedere Person wird immer der ranghöheren vorgestellt. Also: Vorgestellt wird

- der Herr der Dame
- die jüngere Person der älteren Person
- die rangniedere Person der ranghöheren Person
- der Bekannte dem Fremden
- der Inländer dem Ausländer
- wer schon da ist demjenigen, der dazukommt

Begleitet wird die Vorstellung mit erklärenden Worten des Gastgebers. Zum Beispiel:

- „Frau Grünwald, darf ich vorstellen, das ist Herr Kiene."

Die Vorgestellten geben sich die Hand und antworten etwa so:

- „Freut mich.",
- „Freut mich sehr.",
- „Es freut mich, Sie kennenzulernen.",
- „Es freut mich sehr, Sie kennenzulernen, Frau Grünwald/Herr Kiene." oder

der eigene Name wird wiederholt:

- „Kiene, guten Abend." oder im familiären Jargon:
- „Hallo."

Veraltet sind Antworten wie:

- „Angenehm.",
- „Sehr angenehm."

Total überholt ist:

- „Gestatten, gnädige Frau, Herr Kiene bittet um die Ehre, Ihnen vorgestellt zu werden."

Ist der Gastgeber verhindert, seine Gäste vorzustellen, stellen sich die Gäste einander selbst vor. Das kann so sein:

- „Darf ich mich vorstellen, mein Name ist Kiene." – „Es freut mich Sie kennenzulernen, ich bin Frau Grünwald."

Bei eher informellen Anlässen kann so vorgegangen werden:

- „Hallo, ich bin der Maximilian." Oder mit dem Nachnamen:
- „Guten Abend, ich heiße Maximilian Kiene."

Im ersten Fall wird die Bereitschaft gezeigt, später ‚geduzt' zu werden. Im zweiten Fall soll ‚gesiezt' werden. Auch in Deutschland setzt sich in einigen Firmen allmählich durch, sich mit dem Vornamen anzureden, aber beim ‚Sie' zu bleiben.

- „Es freut mich, Sie kennenzulernen, Maximilian."

Wie bei der Begrüßung, schauen sich beide während des Bekanntmachens oder der Vorstellung direkt in die Augen. Sie lächeln freundlich und reichen sich die Hand dann, wenn beide vorzustellenden Personen beim Namen genannt werden.

Erheben bei der Vorstellung?

Bei der Begrüßung und der Vorstellung erhebt sich der Betreffende von seinem Platz. Ältere Damen sind davon ausgenommen, ebenso Gebrechliche, Behinderte oder auch ältere Herren.

In der heutigen, modernen Gesellschaft zeigt die emanzipierte Frau ihre unabhängige Stellung, indem sie sich bei einer Vorstellung erhebt. Und zwar so, dass das ‚jedermann' sehen kann.

Ältere Damen und Herren sehen es gar nicht gerne, wenn junge Mädchen, weil sie zu den Damen zählen, bei einer Begrüßung sitzen bleiben. Sie betrachten dies als persönlichen Affront!

Ein neu hinzutretender Gesprächspartner kann eine Gruppe sitzender Menschen auch begrüßen, indem er mit den Fingerknöcheln der rechten Hand zweimal kurz auf den Tisch klopft.

Das hat Vorteile:

- Alle Anwesenden werden gleichzeitig begrüßt.
- Niemand muss aufstehen.
- Niemandem wird die Hand gereicht.
- Niemand wird dem neu Eingetroffenen vorgestellt.
- Für den neu Eingetroffenen entfällt die Vorstellungsrunde.

Duzen und Siezen

Beim Duzen gilt die Regel, dass die ältere Person der jüngeren das Du anbieten kann. Anbieten bedeutet nicht, dass die jüngere Person das Du akzeptieren muss.

Ist es Ihnen unangenehm, wenn ein älterer Mensch Ihnen das Du anbietet, können Sie ihm sehr höflich antworten, dass Sie sich zwar über das Angebot freuen, es aber vorziehen, weiterhin mit Sie angesprochen zu werden. „Wir sind so lange gut mit dem ‚Sie' ausgekommen. Lassen wir es gerne darauf beruhen."

Wenn Sie ein anderer dauerhaft duzt, Sie es aber nicht für richtig empfinden, sollten Sie den anderen höflich – aber trotzdem bestimmt – darauf ansprechen.

Denken in Stereotypen

Jeder Mensch ist anders. Glücklicherweise ist das so. Aber das ist auch keine große neue Erkenntnis. Trotz allem denkt der Mensch immer wieder gerne stereotyp (klischeehaft, schablonenhaft, gleichförmig).

Er neigt dazu, Menschen in eine Schublade zu stecken. Es gefällt ihm, alle Personen aus einer bestimmten Gruppe über den gleichen Kamm zu scheren.

Spätestens dann, wenn er folgende Formulierung verwendet: „Alle Türken …" oder „Alle Blondinen …" oder „Alle Alten …".

Formulieren Sie eine Aussage in dieser Art, sollten Sie sich überlegen, ob Ihre Aussage wirklich auf alle zutrifft. Meinen Sie nicht nur einige dieser Gruppe? Oder vielleicht nur einen?

Woher wollen Sie wissen, dass alle Cowboys Indianer umgebracht haben? Woher wollen Sie wissen, dass alle Indianer Scalps sammelten? Vielleicht sollte jeder deswegen mit seinen Äußerungen etwas vorsichtiger umgehen.

Geheimnisse der Körpersprache

Nach allem, was Sie bisher gehört haben, sehen Sie, dass die Körpersprache einen relativ großen Anteil in der Kommunikation ausmacht.

Nach dem Amerikaner Albert Mehrabian werden Informationen nur zu 7 % über Wörter vermittelt, hingegen aber zu 55 % über die Körpersprache. Der Rest ist reserviert für den Ton, die Stimmlage usw. (etwa 38 %).

Das bedeutet, dass in einer Kommunikation unsere Augen den größten Teil der ‚gesendeten Nachricht' aufnehmen (nämlich 55 %). Den kleinsten Teil – tatsächlich nur 7 % – machen die gesprochenen Wörter aus!

Deshalb folgern wir:

Erstens: Wichtig ist, was ich sage.

Zweitens: Viel wichtiger ist, wie ich es sage.

Es stimmt offensichtlich, wenn es heißt: „Der Ton macht die Musik."

> **Übrigens:**
> Die Kommunikation mithilfe der Körpersprache ist bei Tieren sehr stark ausgeprägt, da ihnen Wörter fehlen, um miteinander zu kommunizieren.

Auch die Börsensprache kommt ohne das gesprochene Wort aus. Hier einige Beispiele:

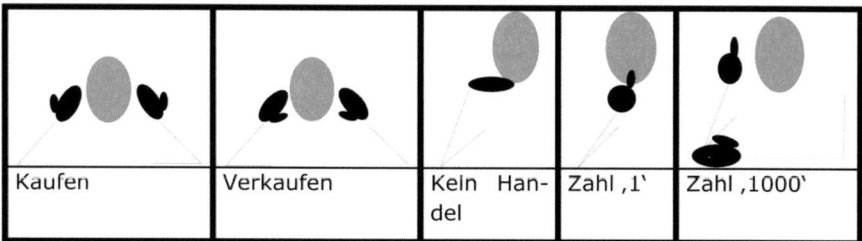

Kaufen	Verkaufen	Kein Handel	Zahl ‚1‘	Zahl ‚1000‘

Einige Beispiele aus einer Gebärdensprache:

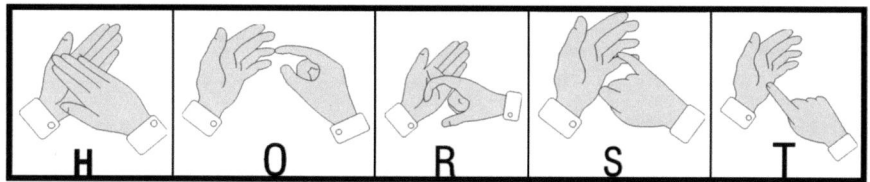

Sie können Sprache sogar ertasten! Nämlich mithilfe der Blindenschrift (Braille).

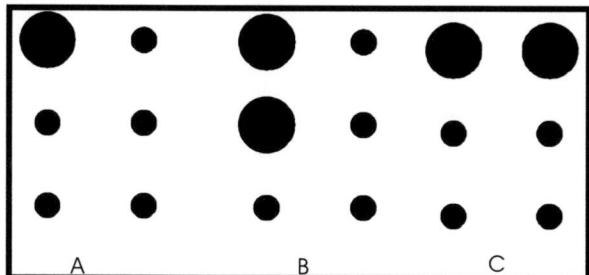

Zuletzt machen Sie sich bewusst, dass Sie sogar mit einfachen Zeichen, nämlich mit Piktogrammen kommunizieren können.

 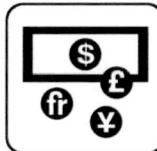   

Sie konnten sehen, dass die nicht gesprochene Sprache über die Augen erfolgt. Es gibt demnach vielfältige Möglichkeiten miteinander zu sprechen, denn nicht nur das gesprochene Wort macht die Sprache aus, sondern auch vieles, was drum herum geschieht.

Unter Berücksichtigung der Reaktion auf eine Aktion: Wie deuten Sie die Körperhaltung der dargestellten Person?

Bitte immer berücksichtigen, dass die Körperhaltung nur dann gedeutet werden kann, wenn sie als Reaktion auf eine Aktion erfolgt. Sonst ist es vollkommen egal, wie ein Mensch sitzt oder steht. Sie hat keine Aussagekraft in der Kommunikation.

Es ist nicht nötig, dass Sie ab sofort bei jedem Körpersignal versuchen zu deuten, was dies oder das heißen könnte oder nicht. Möglicherweise würden Sie sich dann sogar verkrampfen und zum Beispiel in einem Bewerbungsgespräch ein ganz falsches Bild von sich geben.

Wir meinen, dass es nach wie vor richtig ist, dass sich jeder authentisch (echt, verbürgt) verhält, so wie er ist.

Bei aller möglichen Begeisterung für die Körpersprache sollten Sie nicht vergessen, dass Signale der Körpersprache in verschiedenen Ländern anders gewertet werden können.

So gilt es in Malaysia als außerordentlich unhöflich, wenn Sie im Sitzen Ihrem Gesprächspartner die Schuhsohle zuwenden. In Deutschland ist diese Art zu sitzen auch nicht gerade sehr schön.

Deshalb soll an dieser Stelle noch einmal wiederholt werden, dass die oben aufgezeigten Körpersignale speziell in hiesiger Kultur so gedeutet werden.

Wurden die Geheimnisse der Körpersprache etwas gelüftet?

Teil 4

Kommunikation und Konfliktvermeidung

Verbal reden statt nonverbal zuschlagen

Kein Vergnügen ist so leicht zu haben wie eine nette Konversation.
Sie kostet kein Geld, bringt keinen Gewinn, erweitert den Horizont,
begründet und pflegt Freundschaften.
Robert Louis Balfour Stevensen, brit. Schriftsteller
(1850 - 1894)

Reden, reden, reden

- „Wie geht es?"
- „Hast du gut geschlafen?"
- „Wie war es im Urlaub?"
- „Alles klar?"

Es hat den Anschein, dass Menschen viel miteinander reden. Manchmal hinterlassen sie auch den Eindruck, dass eine Frage – so wie oben – gar nicht unbedingt beantwortet werden soll. Manchmal fragen sie: „Wie geht es?" Und wenn wir ganz ehrlich sind, wollen sie es gar nicht wissen. Sie benutzen eine Frage dann eher als Floskel (Phrase, nichtssagendes Wort). Gut, einverstanden.

Das bezeichnen wir als <u>Reden</u>. Aber im Sinne der <u>Kommunikation</u> (Verständigung) bringt uns das nicht viel weiter.

Eine weitere Überlegung: Lassen Sie Ihr Gegenüber immer aussprechen? Wenn Sie im Fernsehen Talkshows oder Diskussionsrunden verfolgen, können Sie immer wieder beobachten, dass einige Teilnehmer sehr gerne den anderen Gesprächspartnern ins Wort fallen. Manchmal sieht es so aus, als warteten sie nur auf einen geeigneten Moment, um den anderen zu unterbrechen. Verstehen Sie das unter einer echten Kommunikation?

Zur Kommunikation zählt auch das Zuhören – und zwar das aktive Zuhören.

Ich höre aktiv zu

Ich höre aktiv zu. Das bedeutet, dass ich

- bei jeder Aussage meines Gegenübers zu ergründen versuche, *weshalb* mein Gegenüber das sagt, was er sagt
- überlege, was hinter den Äußerungen steckt?
- wirklich versuche, ihn zu *verstehen*
- aktiv und mitfühlend zuhöre – ohne versteckte Signale des Missbehagens auszusenden.

Weiter stelle ich mir folgende Fragen:

- Kann ich das, was ich aktiv höre, zunächst einmal neutral auf mich wirken lassen, ohne gleich zu werten beziehungsweise zu beurteilen?
- Entscheide ich mich bereits zustimmend oder ablehnend, während sich mein Gegenüber äußert, indem ich sichtbar nicke oder meinen Kopf schüttele?
- Bringe ich die Bereitschaft mit, auch die Meinungen meines Gesprächspartners zu akzeptieren, ohne sie gleich als *falsch* abzustempeln? Akzeptiere ich andere Meinungen?

Am Beispiel DER GESUCHTE BEGRIFF konnten Sie deutlich gesehen, dass die Wörter in dieser Aussage eine andere Bedeutung bekommen können. Bei anderen Beispielen funktioniert das ebenso. Zum Beispiel: DER GEKLONTE FRASS.

Im vorigen Kapitel haben wir geschrieben, dass alle Informationen, die Sie einem Gesprächspartner vermitteln, nur zu 7 % aus Wörtern, zu 38 % aus Stimme und immerhin zu 55 % aus Körpersprache bestehen.

38 % beziehen sich auf: Ton, Stimmhöhe, die Art wie ein Satz ausgesprochen wird, ob wir monoton (eintönig) reden, ob wir Abwechslung in den Satz bringen und so weiter.

Der Ton macht die Musik

Selbst die Art, wie ich ein Wort in einem Satz betone, beeinflusst den Sinn des Satzes. Nehmen Sie als Beispiel den folgenden Satz:

- Der Junge fährt Skateboard in der Rheinaue.

Im Folgenden wollen wir uns den Satz siebenmal vorsagen. Jedes Mal betonen wir ein anderes der sieben Wörter. Ergibt sich dann ein anderer Sinn?

- <u>Der</u> Junge fährt Skateboard in der Rheinaue.
    - o Dieser bestimmte Junge fährt in der Rheinaue und kein anderer.
- Der <u>Junge</u> fährt Skateboard in der Rheinaue.
    - o Der Junge fährt in der Rheinaue und nicht etwa ein Mädchen.
- Der Junge <u>fährt</u> Skateboard in der Rheinaue.
    - o Hier liegt die Betonung auf fahren. Der Junge rast also nicht mit seinem Skateboard, er schiebt es allerdings auch nicht.
- Der Junge fährt <u>Skateboard</u> in der Rheinaue.
    - o Er hätte auch mit dem Fahrrad unterwegs sein können. Offensichtlich hatte er sich für ein Skateboard entschieden.
- Der Junge fährt Skateboard <u>in</u> der Rheinaue.
    - o Vielleicht hätte er auch die Rheinaue umfahren können, oder quer durch die Rheinaue fahren können.
- Der Junge fährt Skateboard in <u>der</u> Rheinaue.
    - o Der Junge hätte sich auch für eine andere Rheinaue entscheiden können. Er hat diese Rheinaue gewählt.
- Der Junge fährt Skateboard in der <u>Rheinaue.</u>
    - o Nicht etwa auf der Straße oder in irgendeiner anderen Anlage, sondern in der Rheinaue fährt er.

Sätze und Wörter

Hin und wieder ließe sich annehmen, dass Sätze nur aus einem einzigen Wort bestehen. Etwa

- „Komm!"
- „Los!"
- „Ja."
- „Hi."

Nach einer Untersuchung wurden in Deutschland im Jahre 1965 durchschnittlich 1.756 Wörter benutzt. 30 Jahre später wurden durchschnittlich nur noch 1.318 Wörter benutzt. Sind wir mundfaul geworden?

Oder können wir uns schneller verständigen? Läuft uns die Zeit schneller davon?

Die deutsche Sprache besteht aus etwa 300.000 bis 400.000 Wörtern.

Der Durchschnittsdeutsche benutzt etwa 12.000 bis 16.000 deutsche Wörter (aktiver Wortschatz) und etwa 3.000 bis 4.000 Fremdwörter. Er versteht allerdings etwa das Vierfache an Wörtern (passiver Wortschatz).

Es ist wahr, dass eine Person mit wenigen Wörtern sehr viel aussagen kann. Bestimmte Wörter wiederholen sich ständig. So werden etwa 2.000 Wörter zu 90 % benutzt! Mit anderen Worten: mit 2.000 Wörtern kann jemand fast alles sagen, was er will.

Zur Ergänzung: Nur 4.000 verschiedene Wörter bilden bereits 95 % der deutschen gesprochenen Sprache. (Quelle: Gesellschaft für deutsche Sprache, laut General-Anzeiger 1999)

Können Sie sich als Ziel setzen, Sätze ganz auszuformulieren? Je genauer, je deutlicher Sie sprechen, desto genauer und deutlicher versteht Sie Ihr Gegenüber. Abgesehen davon ist es auch eine Frage des stilvollen Umgangs, sich verständlich auszudrücken.

(Un-) zeitgemäße Wörter

Trotz der vielfältigen Auswahl von Wörtern passt nicht jedes Wort zu jeder Gelegenheit. Schauen wir uns deshalb verschiedene Wörter an.

Straßenwörter

Straßenwörtern sind Wörter, die bestenfalls unter Freunden und Bekannten benutzt werden. In der sogenannten feinen Gesellschaft und im beruflichen Umgang werden sie (wenn überhaupt) nur gut überlegt eingesetzt, etwa

- Mist
- aber Hallo
- meine Fresse.

Englische Wörter (Anglizismus, pl. Anglizismen)

Das sind Wörter, die aus der englischen beziehungsweise amerikanischen Sprache ins Deutsche übernommen wurden. Verständlicherweise schimpfen viele ältere Menschen über diesen neuen Wortschatz. Aber fragen Sie einmal Ihre Oma, ob sie einen der drei folgenden Begriffe kennt:

- Lolly pop
- Honey moon
- Suger baby

Das sind Begriffe, die schon vor 60 Jahren in Deutschland gebraucht wurden!

Daneben gibt es natürlich auch Wörter aus der heutigen Zeit. Lassen sich folgende Begriffe vernünftig durch deutsche Begriffe ersetzen?

- E-Mail
- Online
- Skater

Schwammwörter

Das sind Wörter, die einerseits viel aber andererseits wiederum nichts aussagen.

- nett
- Ding
- Sache

Teil 4 – Kommunikation und Konfliktvermeidung

Füllwörter

Benutzen Sie folgende Füllwörter?

- also
- eben
- halt

Viele Sätze lassen sich genauso gut ohne diese Füllwörter bilden.

Verlegenheitslaute

Zu diesen zählen:

- ähm
- öh
- ah

Verlegenheitslaute benutzt der Sprecher, wenn er seine Sätze etwas in die Länge ziehen will. Er gibt damit seinem Gehirn die Möglichkeit, die weitere Formulierung des Satzes zu durchdenken. Gleichzeitig zeigt es aber, dass sich der Sprechende offensichtlich vorher keine genauen Gedanken darüber gemacht hat, was er wirklich sagen will. Für den Zuhörer ist es auf die Dauer unangenehm, jemandem zuhören zu müssen, der ständig Verlegenheitslaute benutzt.

Unwörter

Bei den Unwörtern werden zwei Gruppen unterschieden. Einmal die Unwörter in der rhetorischen Redekunst. Und zum anderen jene Unwörter, die einmal im Jahr als Unwort des Jahres veröffentlicht werden. Wenden wir uns zuerst den rhetorischen Unwörtern zu.

Zur ersten Gruppe zählen:

- eigentlich: „Eigentlich muss ich heute Abend noch Hausaufgaben machen. Aber ein schönes Fernsehprogramm lockt mich vor das Fernsehgerät. Die Hausaufgaben werde ich dann morgen vor dem Unterricht erledigen."

  - Eigentlich bedeutet demnach: eigentlich nicht. Das Wort eigentlich wird gerne dann benutzt, wenn sich der Sprecher nicht hundertprozentig festlegen will.

- Man: „Man müsste etwas gegen die Armut in dieser Welt tun."

  - Wer ist man? Sind Frauen ausgeschlossen? Hin und wieder sehe ich das Wort frau mit einem kleinen Anfangsbuchstaben ‚f' geschrieben. Wird das aus Gründen der Emanzipation (Gleichberechtigung) so gehandhabt?

- Wer ist man? Wenn ich mich meine, dann sollte ich auch ich sagen. Wenn ich für eine Gruppe spreche, sage ich wir.

  - Das Wort ‚man' ist ein sehr diplomatisches Wort. Ich kann später immer sagen, „ich habe gesagt, man muss etwas tun. Ich habe aber nicht gesagt, dass ich etwas tun muss." Gerissen? Fair? Nein, unfair!

- müsste, sollte, könnte: Und das in Kombination mit den beiden oben aufgelisteten Wörtern.

  - „Eigentlich müsste man etwas tun." Dort, wo wir es vermeiden können, lassen wir Unwörter solcher Art einfach bleiben.

Das Unwort des Jahres

- 1991: Ausländerfrei (das war eine fremdenfeindliche Parole in Hoyerswerda)
- 1992: Ethnische Säuberung (eine Propagandaformel im ehemaligen Jugoslawien)
- 1993: Überfremdung (ein Scheinargument gegen den Zuzug von Ausländern nach Deutschland)
- 1994: Peanuts (ein Wort, das von einem großen Banker kreiert wurde. Es steht für viel Geld, das nicht der Rede wert ist); Dunkeldeutschland (Bereich der ehemaligen DDR*); Freisetzung (Kündigung des Arbeitsplatzes)
- 1995: Diätenanpassung (ein beschönigendes Wort für die Diätenerhöhung); Altenplage (das Wort steht für sich)
- 1996: Rentnerschwemme (ein Wort, das als Bild für einen sozialpolitischen Sachverhalt steht)
- 1997: Wohlstandsmüll (eine Umschreibung für Menschen, die als arbeitsunwillig oder arbeitsunfähig gelten)
- 1998: Sozialverträgliches Frühableben (Eine zynisch wirkende Ironisierung)
- 1999: Kollateralschaden (vom Militär benutztes Wort, um Tote unter der Zivilbevölkerung im Kosovo Krieg zu beschreiben)
- 2000: National befreite Zone (zynisch heroisierende Umschreibung einer Region, die von Rechtsextremisten terrorisiert wird)
- 2001: Gotteskrieger (Ausdruck für die Taliban oder Al-Kaida-Terroristen, die für Terroranschläge verantwortlich zeichnen)
- 2002: Ich-AG (Der Begriff ist eine Neuschöpfung aus dem Umfeld der Vorschläge der Hartz-Kommission zur Bekämpfung der hohen Arbeitslosigkeit in Deutschland)
- 2003: Tätervolk (ein nicht akzeptabler Kollektivschuldvorwurf)
- 2004: Humankapital (degradiert Menschen zu nur noch ökonomisch interessanten Größen)
- 2005: Entlassungsproduktivität (Gewinne aus Produktionsleistungen eines Unternehmens, nachdem zuvor viele Mitarbeiter entlassen wurden)
- 2006: Freiwillige Ausreise (Behandlung von Asylbewerbern, hier im Sinne der Abschiebung)

- 2007: Herdprämie (Ausgleich für Eltern oder Frauen, die ihre Kinder zu Hause erziehen, statt einen Krippenplatz in Anspruch zu nehmen)

- 2008: Notleidende Banken (Im Zusammenhang der Finanzkrise stellt dieser Begriff das Verhältnis von Ursachen und Folgen der Wirtschaftskrise auf den Kopf)

- 2009: Betriebsratsverseucht (Die Wahrnehmung der Interessen der Arbeitnehmer mag zwar den Arbeitgeber stören, allerdings zeigt der Begriff ‚verseucht' in diesem Zusammenhang einen unpassenden Bezug)

- 2010: alternativlos (angeblich gebe es keine andere Wahl. Die Verwendung riskiere, die Politikverdrossenheit der Bevölkerung zu verstärken)

- 2011: Döner-Morde (Opfer einer bestimmten Herkunft werden durch die begriffliche Reduzierung auf ein Imbissgericht diskriminiert. Deutliche Fehleinschätzung der Politik zum Täterkreis der Mordserie)

- 2012: Opfer-Abo (Nach einer Anklage wegen Vergewaltigung sprach der Angeklagte von Opfer-Abo, damit meinend, dass eine Großzahl der klagenden Frauen einfach Beschuldigungen aufstellen; Jörg Kachelmann)

- 2013: Sozialtourismus (gezielte Stimmung gegen unerwünschte Zuwanderer, insbesondere aus Osteuropa)

- 2014: Lügenpresse (Dieser Ausdruck wurde im 1. Weltkrieg und im Nationalsozialismus verwendet. 2014 demonstrierten Bürger auf der Straße und skandierten diesen Begriff, ohne die historischen Hintergründe zu kennen.)

- 2015: Gutmensch (Benennung von ehrenamtlich arbeitenden Personen, die Flüchtlingen helfen. Deren Hilfsbereitschaft wird als weltfremdes Helferssyndrom abgetan.)

- 2016: Volksverräter (Der Begriff gilt als Erbe von Diktaturen und würgt in ernsthaften Diskussionen die Argumente des Gesprächspartners ab.)

- 2017: Alternative Fakten (Die Bezeichnung ist eine irreführende und gleichzeitig verschleiernde Aussage korrekter Daten. Donald Trumps Beraterin Kellyanne Conway hatte diesen Begriff erstmals eingesetzt.)

- 2018: Anti-Abschiebe-Industrie (Der Begriff unterstellt den Helfern abgelehnter Asylbewerbern, die Betroffenen vor der Abschiebung zu schützen. Alexander Dobrindt verwendete diesen Begriff im Bundestag.)

* Auch ‚ehemalige DDR' ist ein gedankenloses Wort, denn es sagt, dass es auch eine jetzige DDR gibt. Wir sprechen auch nicht von den ‚ehemaligen Pharaonen, weil es später keine mehr gab.

Modewörter und Jugendsprache

Manchmal ist es wirklich eine kleine Herausforderung, Jugendliche zu verstehen, zumindest, wenn sie sich untereinander unterhalten.

Dabei lässt sich manches noch erschließen, wie zum Beispiel: „Ich gehe Stadt".

Schwieriger bereits bei: „Ey, eine Asi-Schale!", wobei hier an einer Bude die Bestellung einer Schale Currywurst, Pommes-frites, Ketchup und Mayonnaise gemeint ist.

- ‚Abtanzen‘ statt ‚ausgiebig tanzen‘
- ‚Aufdröhnen‘ für sich bessere Laune schaffen mithilfe von Alkohol oder Pillen
- ‚Flop‘ statt ‚Misserfolg‘
- ‚cool‘ statt ‚finde ich bemerkenswert‘
- ‚Knallig‘ statt ‚bunt‘
- ‚Das ist Latte‘ statt ‚das ist egal‘
- ‚Das ist voll fett‘ statt ‚das ist sehr gut‘
- ‚Isso‘ statt ‚Es ist so‘
- ‚Lauch‘ statt ‚schmächtige Person‘
- ‚Ey Digger‘ statt ‚hallo Freund‘ (sehr frei übersetzt)

Kein Wunder, dass die Alten die Jungen manchmal nicht verstehen können.

Fäkalwörter

Wer mit der U-Bahn fährt, hört von Jugendlichen sehr viele Wörter aus dieser Gruppe. Angefangen von einer ‚warmen, stinkenden Masse‘ bis hin zu extremen Schimpfwörtern.

Vielleicht geht es auch hin und wieder ohne diese Wörter, auch wenn wir sie immer wieder in den Medien hören.

Beleidigende Aussagen

Beleidigungen gegenüber Polizisten und Politessen kosten laut der Süddeutschen Zeitung (4./5. Mai 2002):

- du Schlampe   2.000 €
- Wichtelmann   1.000 €
- blöde Kuh   600 €
- Depp   250 €

Auch Strafen für nonverbale Beleidigungen schlagen aufs Taschengeld:

- Vogel zeigen   1.000 €
- ‚Stinke‘-Finger   4.000 € (gestreckter Mittelfinger)

Bußgelder bei Beleidigungen im Straßenverkehr

Die aufgelisteten Beispiele sind 2019 aus dem Internet entnommen und basieren auf erfolgten Urteilen.

- Blödes Schwein   500 €
- Wichser   1.000 €
- A...loch   1.000 €

- Schlampe   1.900 €
- Alte Sau   2.500 €

Die kleinen Zauberwörter: Bitte und Danke

Diese gehören eindeutig zu der zeitgemäßen Wortgruppe. Richten Sie Ihr unser Augenmerk auf die beiden Zauberwörter ‚bitte' und ‚danke'.

Da gibt es doch Menschen, die kommen wochenlang ohne eines dieser beiden Wörter aus. Toll! Andere wiederum benutzen diese Wörter täglich.

Die meisten haben gerne mit Menschen zu tun, die eine angenehme und höfliche Art ausstrahlen. Es ist eine Kleinigkeit, das Wort ‚bitte' oder ‚danke' zu benutzen, wenn wir etwas geben oder etwas erhalten. Es kostet keine Anstrengung, eines dieser Wörter an geeigneter Stelle anzuwenden.

Oder wie finden Sie es, wenn Sie als Kunde in einem Laden einen Artikel kaufen und der Verkäufer oder die Verkäuferin Ihr Geld ohne ein ‚Dankeschön' entgegennimmt? Oder wenn Ihnen die Kassiererin oder der Kassierer Ihr Wechselgeld ohne jeglichen Kommentar einfach auf die Theke legt?

Wie sympathisch doch Menschen werden, die mit diesen fünf Buchstaben eine angenehme Atmosphäre herbeizaubern.

Babysprache

In ihrem Buch „Schätzle, hinsitze" beschreibt Svenja Sachweh, wie nach ihrer Untersuchung teilweise in Altenpflegeheimen mit der Babysprache gesprochen wird. „Happi-Happi; Pieks-Pieks; in die Heia gehen." Lustig oder traurig?

Persönliches Netzwerk ausbauen

Mancher ertrinkt lieber, als dass er um Hilfe ruft.
Wilhelm Busch, dt. Schriftsteller
(1832 - 1908)

Eine Hand wäscht die andere

Wenn du lieb zu mir bist, bin ich auch lieb zu dir. Hilfst du mir, helfe ich auch dir! Eine Krähe hackt der anderen kein Auge aus! Du hast was gut bei mir …

Klingt sauber oder doch nicht?

Betrachten wir die positive Seite der gegenseitigen Hilfestellungen.

Mit das Wichtigste für die berufliche und damit auch für die private Karriere ist das sogenannte Netzwerk. „Ich kenne da einen, der kennt einen …" Unbestätigten Berichten zufolge, kommt jeder von uns über fünf weiterführende Kontakte zum amtierenden US-Präsidenten.

Je besser dieses Netzwerk ausgebaut ist, desto höher die Wahrscheinlichkeit, dass ich jemanden kenne, der jemanden kennt …

Netzwerk funktioniert durch Aktivität

An ein funktionierendes Netzwerk sind einige Bedingungen gestellt. Ein Netzwerk darf nicht nur passiv genutzt werden. Ein Netzwerk lebt durch die Aktivität, durch den Input. „Ich gebe etwas." Vielleicht bekomme ich dann, wenn ich es brauche, etwas zurück. Wenn nicht, ist auch gut.

Netzwerke müssen gepflegt werden. Kontakte müssen erhalten bleiben. Massen-E-Mails sind hier nicht die Lösung. Individuelle – und damit zeitaufwendige – Mails, Briefe, Austausche und Telefonate führen zum Erfolg.

Das ist mit sehr großer Mühe verbunden. Daraus folgt: Nicht die Quantität der Kontakte ist entscheidend, sondern die Intensität.

Klassische Netzwerke sind zu finden in der Vereinstätigkeit, im Sport oder Hobby-Bereich, in der Alumni-Tätigkeit, über Lounges, Events, Veranstaltungen, Feste und vieles andere mehr. Aktive Beteiligung immer vorausgesetzt!

Ehrenamt und soziales Engagement

Das Wort Engagement kommt aus dem Französischen (engager), wo es so viel bedeutet wie: sich einsetzen, sich verpflichten.

Verpflichten klingt nach ‚muss' und das mag nicht jeder.

So betrachten wir das Wort Engagement im Sinne des freiwilligen Wollens (aus eigenem Antrieb). Kommend von der intrinsischen, der inneren Motivation.

Jemand, der motiviert ist und etwas erreichen will, zeigt eine innere Motivation (im Gegensatz zur extrinsischen oder äußeren Motivation, zum Beispiel die monatliche Bezahlung).

Eine Art Grund-Engagement wird sowieso erwartet. Alles, was über die klassische Erwartung hinausgeht, lässt sich dann tatsächlich als Engagement bezeichnen. Dieses zeigt sich meist in zusätzlichen Tätigkeiten außerhalb des eigentlichen (beruflichen) Aufgabenfeldes.

So zum Beispiel gesellschaftliches Engagement, wie Freiwilligenarbeit oder das Übernehmen von Ehrenämtern. Innerhalb eines Unternehmens lässt sich ein Engagement durch das Anbieten diverser Freizeitbeschäftigungen erkennen.

Es könnte zum Beispiel sein, dass jemand eine Tennisgruppe ins Leben ruft, einen Lese- oder Musikkreis anbietet, Charity-Aktionen (also Wohltätigkeits-Aktionen) organisiert und so weiter.

Gutes tun – Charity

Das Letztgenannte mag sehr hochtrabend klingen. Doch gibt es unzählige Möglichkeiten, die einfach umzusetzen sind. Zu Ostern einen Korb bemalter Ostereier aufstellen. Wer mag, nimmt sich eines und legt einen kleinen Obolus in ein dafür vorgesehenes Gefäß.

Dieser Betrag – abzüglich des Einkaufspreises für die Ostereier – geht dann an eine Einrichtung, die ein paar Euro gebrauchen kann: Der Kindergarten nebenan, das Seniorenheim zwei Straßen weiter, der Behinderten-Sportverein im Viertel …

Kleine Aktionen dieser Art bauen das soziale Miteinander auf. Umgesetzt im Unternehmen, fühlen sich die beteiligten Beschäftigten wohl, ihr Verhalten schweißt zusammen.

Das Unternehmen selbst kann von diesem sozialen Engagement noch mehr profitieren, wenn die Presse es für Wert empfindet, über die Charity-Aktion zu berichten.

Digitales Netzwerk

Seit vielen Jahren scheint ein Teil der Menschheit – bildhaft gesprochen – in der digitalen Welt zu leben. Die reale Welt scheint gleichzeitig zur notwendigen, fast irrealen zu werden.

Fahren Sie mit Bahn oder Bus, bemerken Sie kaum jemanden, der nicht wenigstens einmal auf sein Smartphone schaut. Viele benutzen es in einer Art Dauerbetrieb; zumindest tippen sie ständig irgendwelche Texte ein.

Wir dürfen getrost annehmen, dass sehr viele Menschen – je jünger, je mehr – im wahrsten Sinn des Wortes (digital) vernetzt sind.

Der Aufbau solch eines sozialen Netzwerkes verläuft heutzutage natürlich viel schneller als früher in der ‚realen' Welt. Ruckzuck ist ein Nutzer mit einem anderen verknüpft. Je nach Einstellung seines Systems kann er nun viele Menschen zeitgleich erreichen und mit ihnen kommunizieren.

Einige werden auf seine Nachrichten antworten, worauf wieder eine Rückmeldung zu erfolgen hat.

Das ist ganz schön aufwändig. Bringt es etwas? Wer hat etwas davon, wenn die Zahl seiner virtuellen Kontakte über 1.000 liegt? Kann mit jedem dieser 1.000 tatsächlich vernünftiger und dauerhafter – individueller – Austausch erfolgen? Kaum denkbar.

Würden die Kontaktdaten als ‚Adressbuch' mit erweiterten Informationen betrachtet werden, wäre das in Ordnung.

Wird eine bestimmte Person gesucht, ist es über diese Plattform relativ leicht möglich, einander zu finden. Das gilt allerdings nur, wenn die Daten ständig aktualisiert, also gepflegt werden.

Solange es sich um ein soziales, für private Zwecke zu nutzendes Programm handelt, kann jeder machen, was er will.

Was aber, wenn die Plattform aus beruflichen Gründen gewählt wurde?

Datenschutz

Selbstverständlich ist mit den geposteten Informationen sensibel umzugehen. Will der Nutzer wirklich, dass bestimmte Angaben, Kommentare oder Fotos von ihm bis in alle Ewigkeit und für jeden einzusehen sind?

Findet er es gut, wenn der Vorgesetzte ganz leicht verfolgen kann, mit wem er was und wo in seiner Freizeit verbringt? Seit Mai 2018 greift die Europäische DatenschutzGrundverordnung DSGVO. Also gut aufpassen.

Digitales zeigt Vor- und Nachteile

Können einmal veröffentlichte Informationen in vielen Jahren einen Nachteil bringen? Wer weiß das schon? Also Vorsicht!

Digitale Netzwerke haben sicher unschlagbare Vorteile, aber auch Nachteile.

Zu den Vorteilen zählen:

- Immer auf dem aktuellsten Stand sein.
- Unglaublich schnelle Datenübertragung.
- Vermeidung von Papierausdrucken.
- Weltweiter Austausch rund um die Uhr mit Freunden und Fremden.

Nachteile und Gefahren:

- Die tatsächliche Kommunikation mit ‚realen' Freunden wird seltener.
- Persönliche Daten können missbraucht werden oder geraten in ‚falsche' Hände.
- Unangemessene Inhalte können verbreitet werden.
- Menschenmassen können durch ‚Fake News' (gefälschte Nachrichten) manipuliert werden.
- Mobbing, Beschimpfungen und Drohungen können vermeintlich anonym versendet werden.
- Foto- und Filmmaterial kann verfälscht werden.

In das ‚echte' Netzwerk investieren

Das echte Netzwerk baut sich hingegen in der realen Welt auf. Events, Charity-Veranstaltungen, Vernissagen, Kamingespräche und andere, auch klassische Netzwerkveranstaltungen eignen sich besser zum Kennenlernen, wie auch zum Vertiefen und Pflegen einmal geschlossener Kontakte.

Nutzen Sie hier die Chance, investieren Sie bei solchen Veranstaltungen Ihre Energie und Ihre Zeit. Kontakte sind sehr wertvoll, wenn sie tatsächlich gepflegt werden. Sie greifen bei möglichen Geschäften, wie auch bei Unterstützung aller Art.

Wer sich häufiger ‚persönlich' getroffen und ausgetauscht hat, ist eher bereit, einen Gefallen zu tun.

Der eine unterstützt den anderen – und umgekehrt: „Eine Hand wäscht die andere."

Teil 5

Verhalten im Beruf

Beruflich erfolgreich werden

Der wahre Beruf ist, zu sich selbst zu kommen.
Friedrich Nietzsche, dt. Philosoph
(1844 - 1900)

Die Bewerbung

Waren Sie schon einmal in der Situation, sich beruflich (neu) zu orientieren? Vielleicht verfügen Sie über genügend ‚Vitamin B' (Beziehungen) und fallen sozusagen ins gemachte Bett beziehungsweise in den auf Sie wartenden Arbeitsplatz.

Wenn nicht, bleibt Ihnen wohl nur der übliche Weg über die Bewerbung.

Mit der Überlegung, dass Personal-Chefs und -Chefinnen Tag für Tag sehr viele Unterlagen erhalten, ist ein wohl überlegtes Vorgehen angebracht, wenn Sie erfolgreich sein wollen.

Der Bewerber sucht den Arbeitgeber aus – oder doch nicht?

Der Bewerber sucht den Arbeitgeber aus? Muss es nicht heißen: Der Arbeitgeber sucht den Bewerber aus? Das mag in einigen Fällen so sein, in vielen ist es schon lange nicht mehr so.

Der mündige und selbstbewusste junge Mensch hat ziemlich konkrete Vorstellungen seines zukünftigen Arbeitsplatzes. Er weiß, dass er einige Jahre seines Lebens dort verbringen wird.

Und an dieser Arbeitsstelle soll es ihm an nichts mangeln.

Speziell seine Bedürfnisse als junger Berufseinsteiger der neuen Generation hat er keine Lust, ausschließlich so zu arbeiten, wie der Arbeitgeber es vorgibt. Er erwartet seinen Freiraum und vor allem die Möglichkeit, die Work-Life-Balance einhalten zu können.

Im späteren Bewerbungsgespräch entscheiden selbstverständlich nach wie vor beide Seiten, ob ein Arbeitsverhältnis zustande kommen soll.

Was will ich überhaupt?

Bevor Sie wahllos Bewerbungen verschicken, finden Sie heraus, in welcher Art Unternehmen (Großunternehmen mit über 500 MitarbeiterInnen, mittelständisches Unternehmen mit 50 bis 500 MitarbeiterInnen oder Kleinunternehmen unter 50 MitarbeiterInnen) Sie tätig werden wollen.

Soll das Unternehmen lokal, regional, national oder international tätig sein? Welche Tätigkeit würde Ihnen zusagen? In welchem Unternehmen lassen sich Ihre Berufswünsche erfüllen? Wo können Sie Ihre Stärken zeigen?

Überlegen Sie vorab, welche der folgenden Aussagen auf Sie zutreffen:

- Ich suche Arbeit.
- Arbeit ist wichtig für mich.
- Meine Arbeit soll mir in Zukunft Spaß bereiten.
- Ich suche eine feste Arbeitsstelle.
- Ich suche eine Teilzeitstelle.
- Ich suche einen Job nebenher.
- Ich kenne das Arbeitsgebiet, in dem ich gerne tätig wäre.
- Ich möchte in einem kleinen Betrieb arbeiten.
- Ich möchte in einem Familienbetrieb arbeiten.
- Ich möchte in einem internationalen Betrieb arbeiten.
- Ich bevorzuge einen Arbeitsplatz an meinem Wohnort.

- Mir macht es nichts aus, auch längere Zeit dienstlich von zu Hause weg zu sein.
- Ich kann mir vorstellen, auch im Ausland zu arbeiten.
- Ich bin mit einer ‚einfachen' Tätigkeit zufrieden.
- Ich möchte bei der Arbeit gefordert werden.
- Ich möchte Abteilungsleiter/in werden.
- Ich möchte später Chef/in werden.
- Ich möchte später einen eigenen Betrieb haben.
- Ich möchte später mit Freunden ein eigenes Unternehmen gründen.
- Ich möchte bei der Arbeit mit Menschen zu tun haben.

- Ich suche eher eine Tätigkeit, bei der ich mich alleine mit der Arbeit beschäftige.
- Ich möchte einer Bürotätigkeit nachgehen.
- Ich möchte in der Wissenschaft oder Forschung arbeiten.
- Ich möchte handwerklich arbeiten.

- Ich möchte mich kreativ entwickeln.
- Ich möchte im künstlerischen Umfeld arbeiten.
- Ich möchte im Freien arbeiten.
- Ich möchte an Computern arbeiten.

Je klarer Ihre Vorstellungen sind, desto eher lassen sich diese verwirklichen.

Ego-Googeln

Nicht jeder Personalverantwortliche gibt es zu: Erkundigungen über den Bewerber in den sozialen Medien einzuziehen. Welche Informationen und Fotos hat der Kandidat gepostet? Welche Meinungen vertritt er? Wie verbringt er seine Freizeit – und mit wem?

Ein Grund mehr, bei der Nutzung der digitalen Programme aufzupassen. Überlegen Sie gut, was für die Öffentlichkeit freigegeben wird. Googeln Sie Ihren Namen (Ego-Googeln) und schauen nach, was für Fremde sichtbar wird.

Die Online-Bewerbung

Immer mehr Unternehmen bevorzugen die Bewerbung per E-Mail. Das spart deutlich Zeit gegenüber dem bisherigen Weg der schriftlichen Bewerbung per Post.

Der Vorteil beim Unternehmen liegt unter anderem in der schnellen Bearbeitungsmöglichkeit (kein Öffnen der Briefpost usw.) und der Möglichkeit der direkten Beantwortung per Mail (kostensparend, da kein Briefporto nötig ist).

Es könnte also sein, dass Sie noch am selben Tag eine Einladung zum Vorstellungsgespräch bekommen. Bewerben Sie sich aber nur dann online, wenn es ausdrücklich gewünscht ist. Und vergessen Sie nicht, in Ihrer E-Mail Ihre Postadresse und Telefonnummer anzugeben.

Die schriftliche Bewerbungsunterlage

Unter vielen anderen liegt auch Ihr Bewerbungsschreiben versteckt in einem hohen Stapel.

Wie bereits beschrieben, wirkt auch hier der ‚erste Eindruck'. Eine absolut saubere äußere Form und eine fehlerfreie Darstellung sollen verhindern, dass Ihre Bewerbung auf dem Absage-Stapel landet, bevor sie überhaupt gelesen wurde.

Die eingereichten Unterlagen müssen in ihrer äußeren Form sauber und ansprechend sein, sowie die benötigten Informationen enthalten (zum Beispiel für welche Position Sie sich bewerben und weshalb).

Empfehlung: Es sollten keine Informationen enthalten sein, die für die Bewerbung nicht nötig sind und eher ein unklares Bild Ihrer Persönlichkeit vermitteln. Die Daten im Lebenslauf sind chronologisch (in zeitlicher Reihenfolge) aufgelistet.

Lücken im Lebenslauf

Personalchefs untersuchen Lebensläufe nach zeitlichen Lücken. Warum, zum Beispiel, besteht zwischen erster und zweiter Arbeitsstelle ein nicht ausgefüllter Zeitraum von einem Monat und neun Tagen?

Weiter wird geschaut, welche Positionen der Bewerber nach einem Stellenwechsel eingenommen hatte. Hat sich der Bewerber von Arbeitsplatz zu Arbeitsplatz verbessert? Viele Bewerber verzichten durch unvorteilhaft gestaltete Bewerbungsunterlagen bereits auf alle Chancen.

Fachbücher und Ratgeber beschreiben genau, wie ein Bewerbungsschreiben auszusehen hat und welche ‚äußeren' Merkmale zu erfüllen sind. Beachten Sie aber bitte immer, dass der Personalverantwortliche oft nur in wenigen Sekunden entscheidet, ob Ihr Bewerbungsschreiben auf den ‚Ja'-Stapel kommt oder auf den ‚Absage'-Stapel.

Es ist also für diese Entscheidungsphase nicht nur ausschlaggebend, <u>was</u> geschrieben ist, sondern auch <u>wie</u> es geschrieben ist!

Die Vorbereitung zum Bewerbungstag

Vor dem Bewerbungsgespräch überlegen Sie:

- Welche Kleidung wähle ich?
- Welche Schuhe ziehe ich an?
- Trage ich Make-up auf, wenn ja, welches und wie viel?
- Benutze ich Parfum/Rasierwasser? Wenn ja, welches?
- Ist meine Frisur gepflegt?
- Bin ich sauber rasiert?
- Habe ich die Fingernägel geschnitten?
- Sind die Fingernägel und Finger gepflegt?

- Trage ich Schmuck, wenn ja, welchen?
- Nehme ich eine Arbeitsunterlage, Aktentasche oder Mappe mit? Welche?
- Habe ich den Termin bestätigt?
- Habe ich die Korrespondenz beziehungsweise das Einladungsschreiben bei mir?
- Habe ich eine Anfahrtsskizze erstellt und diese bei mir?
- Habe ich ein Set meiner Bewerbungsunterlagen eingesteckt?

- Habe ich Referenzen und (ggf. beglaubigte) Kopien dabei?
- Habe ich einen Notizblock dabei?
- Habe ich zwei Schreibstifte bei mir?
- Habe ich eine Visitenkarte eingesteckt?
- Habe ich ein Arbeitsmuster oder eine Arbeitsprobe vorbereitet?
- Habe ich eine Liste mit von mir zu stellenden Fragen vorbereitet und eingesteckt?
- Habe ich (Papier-) Taschentücher eingesteckt?
- Habe ich eine Fahrkarte für die Bahn gekauft und eingesteckt?
- Habe ich mein Fahrzeug vollgetankt?
- Habe ich ausreichend Geld eingesteckt?

- Habe ich die Telefonnummer des Betriebes aufgeschrieben und für Notfälle griffbereit eingesteckt?
- Bin ich mir darüber im Klaren, was ich will?
- Bin ich mir darüber im Klaren, was ich kann?
- Bin ich mir über meine EQ-Eigenschaften im Klaren?
- Weiß ich, warum ich mich bewerbe?
- Weiß ich, warum ich mich gerade bei dieser Firma bewerbe?
- Habe ich mich ausreichend über die Firma informiert?
- Kann ich meine Fähigkeiten überzeugend darstellen?
- Kann ich mich gut ‚verkaufen'?
- Freue ich mich auf das Vorstellungsgespräch?

Die Erwartungshaltung des Arbeitgebers

Schauen wir doch einmal hinter die Kulissen und überlegen, wie ein Bewerbungsgespräch von ‚der anderen Seite' aus vorbereitet wird. Je nach Größe eines Betriebes wird der Personalchef oder die Personalchefin mehrere Male an einem Tag ein Einstellungsgespräch führen. Aus Sicht der Personalverantwortlichen wird das Bewerbungsgespräch auch Einstellungsgespräch genannt. Der Personalverantwortliche kann Eigentümer oder Angestellter sein. Beide mögen verschiedene Bedürfnisse/Ansprüche an die Leistungen des Kandidaten (der sich bewirbt) haben.

Wird das Einstellungsgespräch seriös geführt, wird sich der Personalverantwortliche auch entsprechend auf das Gespräch vorbereiten. Für jeden Betrieb kostet die Suche nach einem neuen Mitarbeiter, sei es als Auszubildender, Praktikant, Studierender oder Festangestellter, immer viel Geld. Zuerst die Suche (zum Beispiel Inserate), dann die Vorarbeiten (Brief-/Mailverkehr, Telefonate), das Einstellungsgespräch selbst (Zeitaufwand) und später die Einarbeitungszeit. Es liegt also keineswegs im Sinn eines Personalverantwortlichen, ‚irgendjemanden' auszuwählen.

Das Anforderungsprofil

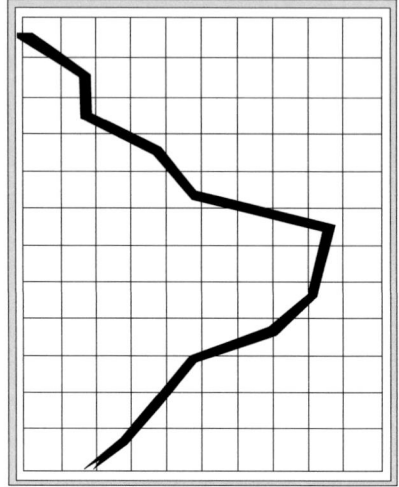

Bei guter Vorbereitung hat der Arbeitgeber genaue Vorstellungen vom Bewerber. Er hat möglicherweise ein sogenanntes Profil erstellt, ein Diagramm, in dem Eigenschaften oder Fähigkeiten aufgelistet sind, die vom Bewerber am ehesten erfüllt werden sollen. Dieses Profil entsteht aus den Anforderungen des Arbeitgebers an die Leistungen des Bewerbers. Zum Beispiel wird festgelegt, welche

- fachliche und welche menschliche

Fähigkeiten ein Bewerber haben soll, um den ausgeschriebenen Arbeitsplatz optimal auszufüllen.

Beispiel: Diese Kriterien soll der Bewerber erfüllen:

Demnach sieht das Profil so aus:

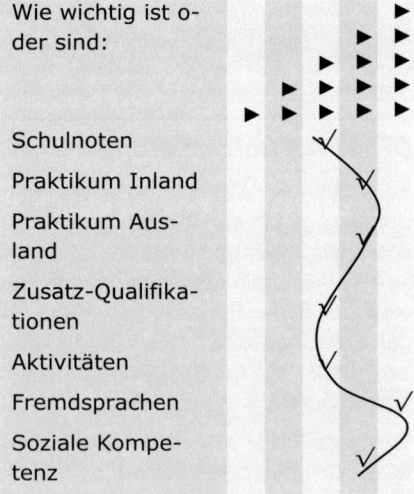

Wenn Sie wissen, was der Arbeitgeber erwartet, können Sie sich entsprechend auf das Bewerbungsgespräch vorbereiten.

Das Bewerbungsgespräch

Schließlich ist es soweit: Das Gespräch steht unmittelbar bevor. Ihr Smartphone ist ausgeschaltet. Gehen Sie mit wenig Stress ins Gespräch, lächeln Sie, halten Sie Blickkontakt. Kaum ein Personalverantwortlicher wird sofort ‚mit der Tür ins Haus fallen', sondern erst eine positive Atmosphäre schaffen.

Mit einfachen ‚Smalltalk'-Fragen („Haben Sie gut hergefunden?") wird er versuchen, Ihre Nervosität abzubauen. Nach und nach geht er zu weiterer Fragen über, um mehr von Ihnen zu erfahren. Sein Ziel ist es – wie oben beschrieben – zu erfahren, ob Ihre Fähigkeiten das von ihm aufgestellte Profil abdecken.

Er wird deshalb sehr aufmerksam Ihren Antworten und Ausführungen folgen. Er wird darauf achten, ob Ihre Körpersprache mit der gesprochenen Sprache übereinstimmt. Er wird auf Zeichen und Signale achten, die im Widerspruch zu verbalen Aussagen stehen.

Deshalb nicht nur mit „ja" oder „nein" antworten, sondern komplette Sätze formulieren. Nutzen Sie die Chance, Fragen zu stellen. Es wird geschätzt, wenn Sie Fragen über den Betrieb stellen. Warum wählen Sie gerade diesen Betrieb? Auch wird in der Regel gerne gehört, dass Sie Interesse an Weiterbildung zeigen.

Unterschätzen Sie nicht das Ergebnis aus dem ‚Abchecken' Ihrer persönlichen Fähigkeiten (Soft Skills), zum Beispiel: Stärken, Schwächen, Hobbys, Ziele, emotionale Intelligenz usw.

In der Regel endet das Einstellungsgespräch mit einer Terminvereinbarung, bis wann Sie eine

- Nachricht
- Zusage
- Absage

erhalten, („Geben Sie uns bitte bis zum … für unsere Entscheidung Zeit."). Wenn der Arbeitgeber keinen Termin vorschlägt, fragen Sie, bis wann Sie mit einer Antwort rechnen können.

Die Gesprächsführung

Ein Vorstellungsgespräch ist kein ‚Sich-Ausfragen-Lassen', sondern ein echter Dialog. Das bedeutet, dass auch der/die Bewerber/in Fragen stellen soll. Durch Fragen zeigen Sie Interesse an der zukünftigen Arbeit und am Unternehmen.

Stellen Sie Fragen nach Gehalt, Urlaub, Arbeitszeit, Überstunden, sozialen Leistungen und ähnlichem nicht gleich zu Beginn des Gesprächs. Im Vordergrund soll erst das generelle Abklären stehen und das Erkennen, ob Ihre Ideen zu Work-Live-Balance erfüllt werden.

Solche Fragen können Sie stellen:

- Wie sieht meine Tätigkeit genau aus?
- Wie sieht mein Arbeitsplatz aus?

- Mit welchen Maschinen/Geräten werde ich arbeiten?
- Gibt es eine Stellenbeschreibung für meine Tätigkeit?
- Wie erfolgt die Einarbeitung am Arbeitsplatz?
- Ist es möglich, meinen zukünftigen Arbeitsplatz anzusehen?
- Ist es möglich, sich das Unternehmen anzusehen?
- Wer ist mein unmittelbarer Vorgesetzter?
- Mit wem werde ich zusammenarbeiten?
- Wie viele Personen arbeiten im selben Team?
- Wie viele MitarbeiterInnen arbeiten im Unternehmen?
- Wie viele MitarbeiterInnen arbeiten in der Abteilung?

- Hat das Unternehmen Filialen in anderen Städten oder Ländern?
- Welche Aufstiegsmöglichkeiten bestehen für mich?
- Ist ein Auslandsaufenthalt in der Zukunft möglich?
- Weshalb ist die angestrebte Stelle neu zu besetzen?
- Welche Weiterbildungsmöglichkeiten werden angeboten?
- Gibt es hausinterne Schulungen?
- Wann ist der gewünschte Eintrittstermin?
- Wie lange ist die Probezeit?
- Wie ist die Bezahlung?
- Welche weiteren (sozialen) Leistungen bietet der Betrieb?
- Gibt es eine Kindertagesstätte?

Echte Fragen

Im Vorstellungsgespräch will Ihr Gegenüber herauszufinden, ob Sie für die ausgeschriebene Stelle die geeignete Person sind. Verständlicherweise bevorzugt der zukünftige Arbeitgeber eine/n Mitarbeiter/in, der/die sich reibungslos in den Arbeitsablauf einfügen wird. Deshalb sind ‚echte Fragen' absolut notwendig und auch ehrlich zu beantworten.

Solche Fragen könnten gestellt werden. Was würden Sie darauf antworten?

- Warum bewerben Sie sich gerade bei uns?
- Weshalb möchten Sie ausgerechnet dieser Tätigkeit nachgehen?
- Was interessiert Sie an dieser Arbeit am meisten?

- Was wissen Sie über unser Unternehmen?
- Was wissen Sie über unsere Produkte/Dienstleistungen?
- Bei welchen anderen Firmen haben Sie sich noch beworben?
- Welches ist/war Ihr Lieblingsfach in der Schule?

- Was tun Sie beruflich besonders gerne?
- Welches sind Ihre augenblicklichen Aufgaben/Arbeiten?
- Jobben Sie nebenher?
- Haben Sie an einem Schüleraustausch teilgenommen?
- Haben Sie eine Tageszeitung abonniert?
- Haben Sie praktische Erfahrungen im gesuchten Bereich?
- Welche Hobbys haben Sie?
- Wie gestalten Sie Ihre Freizeit?
- Gehen Sie gerne ins Kino/Theater?
- Treiben Sie Sport?
- Sind Sie in einem Verein aktiv oder passiv tätig?
- Welche Illustrierten oder Zeitschriften lesen Sie?
- Gehen Sie häufig in Clubs/Diskotheken?
- Gehen Sie generell gerne aus?
- Wie feierten Sie Ihren letzten Geburtstag?
- Wo möchten Sie im nächsten Jahr Ihren Urlaub verbringen?
- Leben Sie mit jemandem zusammen in einem Haushalt?
- Haben Sie einen Führerschein?
- Sind Sie verheiratet?
- Haben Sie Kinder?
- Wie verhält sich Ihr (Lebens-) Partner zu Ihren Berufsplänen?

Verbotene Fragen

Immer wieder kommt es vor, dass in einem Bewerbungsgespräch sogenannte ‚kritische Fragen' gestellt werden. Damit sind Fragen gemeint, mit denen nach Dingen gefragt wird, die den Personalverantwortlichen nichts angehen.

Obwohl der potentielle Arbeitgeber in der Regel diese Fragen nicht stellen darf, kommen Sie trotzdem vor.

Deshalb ist es vorteilhaft, auf diese Fragen vorbereitet zu sein, um eine diplomatische Antwort geben zu können. Wenn auf eine ‚kritische Frage' nämlich gesagt würde „das geht Sie nichts an", hätten Sie eine denkbar schlechte Atmosphäre geschaffen und der Erfolg des Gesprächsverlaufs ginge wohl eher in die falsche Richtung.

Überlegen Sie, wie Sie auf solche ‚kritischen Fragen' reagieren könnten:

- Welche Schulbildung haben Ihre Geschwister?
- Welche Schulbildung haben Ihre Eltern?
- Welchen Beruf haben Ihre Eltern?
- Haben Sie Jugendstrafen?
- Trinken Sie übermäßig Alkohol?
- Feiern Sie gerne?
- Sind Sie gesund?
- Sind Sie abergläubisch?

- Zahlen Sie ein Darlehen ab?
- Gehören Sie einer Partei an?
- Gehören Sie einer Religionsgemeinschaft an?
- Gehören Sie einer Gewerkschaft an?
- Haben Sie eine/n feste/n Lebenspartner/in?

- Haben Sie einen festen Freundeskreis?
- Sind Sie treu?
- Werden Sie bald heiraten?
- Wollen Sie Kinder haben?
- Sind Sie schwanger?
- Nehmen Sie Verhütungsmittel?

Ihre Körperhaltung während des Gesprächs

Verhalten Sie sich authentisch, dann wird Ihre Körperhaltung automatisch passend sein.

So stehen Sie richtig.

Lockeres Gegenübersitzen.

So sitzen Sie richtig am Tisch.

Verabschiedung

Verabschieden Sie sich am Ende des Gesprächs selbstbewusst mit einem Lächeln auf den Lippen. Danken Sie für das Gespräch! Auch wenn Sie den gewünschten Arbeitsplatz nicht ‚ergattert' haben sollten – nicht traurig sein.

Sehen Sie dann das Gespräch als Übung an und überlegen Sie, was Sie beim nächsten Mal besser machen können.

Der/die Neue im Unternehmen

Für neue MitarbeiterInnen gelten neben dem eigentlichen Fachwissen auch die emotionalen Stärken. Es ist hilfreich, bei Bewerbungsgesprächen eine Checkliste zu benutzen, auf der je nach ausgeschriebener Position folgende oder ähnliche Punkte erfasst werden:

Was Chefs vom Neuen wissen wollen

Persönlichkeit	Erfahrungen und Kenntnisse
☐ erster Eindruck	☐ Auslandsaufenthalte
☐ äußeres Erscheinungsbild	☐ Sprachkenntnisse
☐ Ausstrahlung	☐ IT-Kenntnisse
☐ Umgangsformen	☐ AEVO (Ausbildereignung):
☐ Kommunikationsfähigkeit	in der Schulung von Auszubildenden
☐ Kontaktfähigkeit, Offenheit	in der Einarbeitung neuer Mitarbeiter
☐ Sprachenkenntnisse	in der Fortbildung ausgelernter Mitarbeiter
Fachliche Qualifikationen	Menschliche Qualifikationen
☐ gesetzliche Grundlagen	☐ Mitarbeiterführung
☐ Ausbildung und Werdegang	☐ Umgang mit verschiedenen Gäste-/Kundengruppen
☐ Dauer der Beschäftigung bei vorherigen Arbeitgebern	☐ Teamorientiertes Arbeiten
Betriebswirtschaftliche Qualifikationen	
☐ Dienstplangestaltung	☐ Qualitätsüberwachungen
☐ Erstellen von Statistiken	☐ Logistische Kenntnisse bei großen Veranstaltungen
☐ Erstellen von Budgets	☐ Durchführen von verkaufsfördernden Maßnahmen
☐ Durchführen von Kontrollen	

Auch der Bewerber hat Fragen. Je höher die angestrebte Position, desto spezifischer werden seine Fragen sein. Deshalb hier eine Checkliste zu Themen, die den Neuen interessieren können.

Was der Neue vom Chef wissen will

☐ Stellenbeschreibung der neu zu besetzenden Position

☐ Aufgabenbeschreibung

☐ Anforderungsprofil

☐ Innerbetriebliche Organisation

☐ Organigramm

☐ Hierarchien

☐ Arbeitsbereiche

☐ Arbeitszeiten

☐ Pausenregelungen

☐ Überstundenregelungen

☐ Urlaubspläne

☐ Größe und Struktur des Betriebs

☐ Rechtsform des Betriebs

☐ Historische Entwicklung

☐ Eigentumssituation

☐ Lagepläne

☐ Verkehrswege

☐ Parkmöglichkeiten

☐ Informationswesen (Pläne)

☐ Gehaltsregelung

☐ Zulagen

☐ Erfolgsbeteiligungen

☐ Sozialleistungen

Die wichtigen Soft Skills

Neben fachlichem Wissen werden heute die ‚weichen' Fähigkeiten (Soft Skills) erwartet. Sie nehmen mittlerweile einen hohen Stellenwert ein.

Welche der folgenden EQ-Eigenschaften (EQ steht für emotionale Intelligenz) besitzen Sie?

- Ich wirke auf andere sympathisch.
- Ich hinterlasse einen positiven Gesamteindruck.
- Ich kann meinem Leben überwiegend positive Seiten abgewinnen.
- Ich kann mein Wissen und meine Fähigkeiten gut ‚verkaufen'.
- Ich kann Gefühle zeigen.
- Ich kann Gefühle wahrnehmen.
- Ich kann mit Gefühlen umgehen.

- Ich kenne meine eigenen Stärken und Schwächen.
- Ich kenne eigene Ängste und Hemmungen.
- Ich kann eigene Ängste und Hemmungen abbauen.
- Ich kann zwischen positivem und negativem Stress unterscheiden.
- Ich kann negativen Stress abbauen.
- Ich bin selbstsicher.
- Ich kenne meine eigenen Grenzen.

- Ich kann mir Ziele setzen und diese erreichen.

- Ich zeige die Bereitschaft, auch anders zu denken, zu fühlen und zu handeln.

- Ich kann mich gut in die Gedankenwelt meines Gegenübers versetzen.

- Ich kann gut und aktiv zuhören.

- Ich halte Blickkontakt.

- Ich lächele und zeige mich freundlich

- Ich zeige Interesse an meinem Gegenüber.

- Ich spreche meinen Gesprächspartner mit Namen an.

- Ich kann gut im Team arbeiten.

- Ich kann Interessen gemeinsam verfolgen.

- Ich bin fähig, mich und andere zu motivieren.

- Ich kann mich lobend äußern.

- Ich bringe Geduld und Toleranz auf.

- Ich kann Körpersprache ‚sprechen' und ‚lesen'.

- Ich sehe Probleme eher als Herausforderungen.

Das ganze Leben ist ein Quiz

Prüfungen

Nicht nur lustige Quizfragen bereichern unser Leben, sondern auch mal richtungweisende und lebensbestimmende Prüfungen. Ihnen steht eine Prüfung ins Haus? Oder besser gesagt: Sie werden zu einer Prüfung erwartet?

Lange haben Sie gelernt. Stunden, Wochen, vielleicht Monate investiert, um nun dem Prüfungstag entgegenzuzittern. Einige Prüflinge fallen durch die Prüfung, weil sie sich dermaßen unter Stress setzen, dass manchmal tatsächlich ein ‚Blackout' entsteht. Das muss nicht sein.

Unterstellen wir in den weiteren Überlegungen, dass Sie sich gut auf das Prüfungsthema vorbereitet haben und deshalb nicht wegen Nicht-Wissens einen Nicht-Erfolg befürchten müssen.

Stress-Abbau vor Prüfungen

Vermeiden Sie Stress-Situationen, indem Sie:

- Entspannungstechniken einsetzen (zum Beispiel: Autogenes Training, Meditation, Progressive Muskelentspannung, Tai Chi usw.)

- Eine Fantasiereise unternehmen.

- Den Stress thematisieren (im Erfahrungsaustausch mit Kollegen, durch Gespräche mit dem Partner oder mit Freunden).

- Sich mental auf mögliche schwierige Situationen im Leben vorbereiten.

- Sich eine innere Distanz zum Prüfungsgeschehen schaffen.

- Schwierigkeiten und Belastungen als Herausforderungen betrachten, anstatt alles negativ zu sehen. Streichen Sie das Wort ‚Probleme' und ersetzen Sie es durch ‚Herausforderungen'.

- In der jeweiligen Stresssituation Distanz schaffen, zum Beispiel überlegen Sie sich: „Was würde ich in dieser Situation einem guten Freund raten?" oder „Was würde ein neutraler Beobachter zur Situation sagen?". Treten Sie neben sich und betrachten Sie die Situation und Ihr Verhalten von ‚außen'.

- Bewusstes Zeitmanagement einsetzen. Nehmen Sie nicht zu viele Aufgaben an. Erstellen Sie eine Prioritätenliste (Vorrang) und fragen Sie sich: „Was ist wirklich wichtig, was kann ich delegieren oder vernachlässigen?"

- Sich bewusst möglichst immer die Zeit nehmen, um nach der Arbeit abzuschalten.

- Sich zu Hause eine ‚stressfreie' Zone einrichten. Es genügt schon ein Sessel, in dem Sie abschalten können. Oder ziehen Sie sich in ein Zimmer zurück und bitten Sie Ihr soziales Umfeld, Sie dort nicht zu stören.

- Auszeiten und Ruhephasen schaffen. Gönnen Sie sich ganz bewusst schöne Dinge: zum Beispiel ein leckeres Essen, die Lieblings-Musik anhören, in einem Buch schmökern u.a.

- Den üblichen Tagesablauf sprengen. Setzen Sie öfter etwas ‚außer der Reihe' um. Damit klinken Sie sich eine gewisse Zeit aus dem Alltag aus.

- Körperlichen Ausgleich suchen (zum Beispiel Joggen, Radfahren, Wandern usw.).

- Eine gesunde Lebensführung, zum Beispiel bewusste Ernährung, wenig Alkohol, ausreichend Schlaf usw.

Prüfungsvorbereitung

Bereiten Sie sich auf den Tag X gut vor. Gehen Sie ähnlich vor, wie zur Vorbereitung auf ein Bewerbungsgespräch. Checken Sie:

- Nehme ich eine Arbeitsunterlage, Aktentasche oder Mappe mit? Welche?

- Habe ich eine Anfahrtsskizze erstellt und diese bei mir?

- Habe ich einen Notizblock bei mir?

- Habe ich zwei Schreibstifte bei mir?

- Habe ich (Papier-) Taschentücher eingesteckt?

- Habe ich eine Fahrkarte für Bahn oder Bus gekauft und eingesteckt?

- Habe ich den Tank meines Fahrzeugs vollgetankt?

- Habe ich ausreichend Geld eingesteckt?

- Habe ich die Telefonnummer der Prüfungsstelle aufgeschrieben und für Notfälle griffbereit eingesteckt?

Am Abend vor der Prüfung

Obwohl es einige Prüflinge anders tun und dann am Prüfungstag unausgeschlafen, zu spät, ungepflegt und leicht alkoholisiert erscheinen, schlagen wir diese Vorgehensweise vor:

- Verzicht auf Alkohol

- Leichtes Abendessen

- Rechtzeitiges Schlafengehen

- Und: Auf Beruhigungs-Medikamente verzichten! Lieber eine Entspannungs-Übung durchführen!

Der Prüfungstag

Wohl gelaunt, ausgeruht und stressfrei wird der Tag begonnen. Nach einem leichten Frühstück und in passender, bequemer Kleidung, geht es auf den Weg. Kalkulieren Sie Verspätungen des öffentlichen Nahverkehrs ein.

Falls Sie den PKW benutzen, rechnen Sie mit Staus und Parkplatzproblemen. Lieber eine Stunde zu früh eintreffen als zehn Minuten zu spät.

Gelassen bleiben

Sie gehen gelassen in die Prüfung, da Sie die abzufragenden Themen beherrschen. Machen Sie sich nun nicht mehr verrückt, indem Sie verzweifelt versuchen, die eine oder andere Information aus Ihren Lehrbüchern zu entnehmen.

Lassen Sie sich auch nicht von anderen Prüflingen nervös machen. Denken Sie lieber – in aller Ruhe – an etwas Nettes, blättern Sie in einer aktuellen Tageszeitung oder betrachten Sie das Geschehen auf der Straße. Und: Halten Sie Ihr Smartphone aus-

> **Übrigens:**
> Nicht überall kommt es gut an, kettenrauchend auf und ab gehen.

geschaltet! Falls Sie die Waschräume aufsuchen müssen, tun Sie es jetzt.

„Bitte, nehmen Sie Platz!"

Die Prüfung beginnt. Wählen Sie einen lichtdurchfluteten Sitzplatz. Legen Sie Ihre Stifte bereit. Hören Sie aufmerksam den Begrüßungsworten des Prüfers zu.

Achten Sie <u>genau</u> darauf, was erlaubt und was untersagt ist. Wenn Sie etwas nicht verstanden haben, fragen Sie direkt – aber höflich – nach. „Entschuldigen Sie bitte, ich habe nicht verstanden, ..."

Nach Prüfungsbeginn

Nach Prüfungsbeginn sind in der Regel keine Fragen mehr erlaubt. Sollte trotzdem etwas unklar für Sie sein, melden Sie sich, damit der Prüfer zu Ihnen kommen kann. Stellen Sie ihm dann konkret Ihre Frage. Der Prüfer darf – und wird auch nicht – eine Prüfungsfrage beantworten.

Die Prüfer

Prüfer sind auch – nur – Menschen. Die wenigsten werden Sie quälen wollen, sondern können sich sehr gut in Ihre Lage versetzen. Deshalb wirkt Ihre Persönlichkeit natürlich auch auf die Prüfer.

Somit greifen alle oben aufgeführten Punkte wie:

- der erste Eindruck
- der Blickkontakt
- das freundliche, echte Lächeln
- höflicher, aber nicht übertriebener, zwischenmenschlicher Umgang
- Ihr Outfit.

Werden Ihnen die Prüfungsunterlagen überreicht, sagen Sie „Danke". Wenn Sie Ihre Unterlagen abgeben: „Bitte".

Nach der Prüfung

Verabschieden Sie sich, wenn möglich. Hinterlassen Sie einen bleibenden, positiven Eindruck. Dann steht Ihrem Erfolg fast nichts mehr im Wege.

Der Berufsalltag

Der Beruf ist das Rückgrat des Lebens.
Friedrich Nietzsche, dt. Philosoph
(1844 - 1900)

Der Umgang mit dem Kunden

Lassen Sie uns Folgendes festhalten: Egal ob Lieferant, Kunde, Geschäftspartner oder Verkäufer – alle Gesprächspartner sind gleichzeitig mögliche Gäste/Kunden.

Und Gäste sollen sich wohlfühlen und zufrieden sein. Deshalb verhalten Sie sich ihnen gegenüber so, wie Sie sich gewöhnlicherweise Gästen gegenüber verhalten würden, nämlich freundlich und aufmerksam.

Verhalten gegenüber Gästen/Kunden

Versetzen Sie sich in die Rolle eines Gastes. Wie sieht er Ihr Unternehmen?

- Wird mein Gast zum Wartezimmer oder zum Gesprächspartner begleitet?
- Wirken die Mitarbeiter freundlich auf ihn?
- Wirken die Mitarbeiter hilfsbereit auf ihn?
- Wird er freundlich empfangen?
- Muss er lange warten?
- Wird ihm während der Wartezeit ein Getränk oder etwas zum Lesen angeboten?
- Scheint der Führungsstil ‚offene Tür' praktiziert zu werden?
- Begrüßen Sie Ihren Gesprächspartner passend gekleidet?
- Nehmen Sie ihm die Nervosität?
- Schaffen Sie eine positive Gesprächs-Atmosphäre?
- Hören Sie Ihrem Gesprächspartner aufmerksam zu?
- Lassen Sie Ihr Gegenüber ausreden?
- Geben Sie ihm die Möglichkeit, Fragen zu stellen?

Der Umgang mit dem Personal

Häufig werden gigantische Beträge in die ‚Hardware' Maschinen, Gebäude, Systeme usw. gesteckt. Was bleibt für die ‚Software' Mensch übrig?

Wer ist der Mitarbeiter?

Wenn wir in diesem Buch von Mitarbeitern sprechen, meinen wir selbstverständlich auch Mitarbeiterinnen, also die weiblichen Angestellten.

Die weibliche Sprachform ist gleichberechtigt mit der männlichen. Die männliche Sprachform ist gleichberechtigt mit der weiblichen. Beispielsweise:

- Chef = Chefin
- Abteilungsleiterin = Abteilungsleiter
- Vorgesetzter = Vorgesetzte
- Mitarbeiterin = Mitarbeiter

Beide zusammen können wir als MitarbeiterInnen bezeichnen, mit einem großen I in der Mitte.

Weiter gilt das seit 2019 (gesetzlich festgehaltene) ‚Dritte Geschlecht'.

Die innerbetriebliche Hierarchie

In vielen Betrieben ist mittlerweile die Hierarchie möglichst flach gehalten. Teamarbeit und Projektgruppen in ständig neuer Zusammensetzung sind gefragt. In vielen kleinen Start-Up-Unternehmen gelingt das auch, zumindest so lange, bis das Unternehmen die Größe entwickelt, bei der nicht mehr jeder jeden kennt. Trotzdem versteckt sich meistens eine – wenn auch flache. Hierarchie hinter der Struktur des Unternehmens.

Betrachten wir deswegen die klassische Struktur, die in einem Organigramm abgebildet wird. Die Menschen, die unter der Führung eines Chefs arbeiten, wurden früher als ‚Untergebene' bezeichnet. Heute heißt das Mitarbeiter beziehungsweise Mitarbeiterinnen. Sie arbeiten ‚mit'! Es gibt Betriebe, die lassen die Mitarbeiter tatsächlich ‚mit-arbeiten'. Das heißt, sie lassen Entscheidungen mittragen, übertragen Verantwortung und vieles mehr.

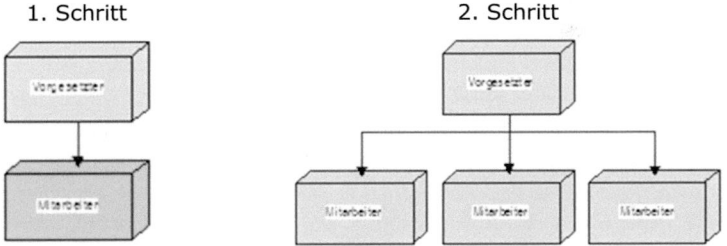

Je größer der Betrieb, desto mehr Mitarbeiter wird es geben.

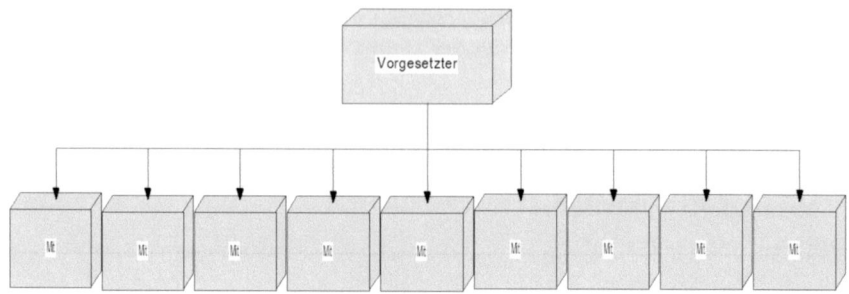

Es ist erkennbar, dass alle MitarbeiterInnen auf gleicher Stufe stehen. Untereinander bezeichnen sich diese MitarbeiterInnen als Kolleginnen oder Kollegen.

Kollegen stehen auf der gleicher hierarchischen Stufe. Vorgesetzte stehen eine
Stufe höher, Mitarbeiter mindestens eine Stufe niedriger.

Schauen wir das in der Gastronomie/Hotellerie an: Hier könnte ein Organigramm
zum Beispiel so aussehen:

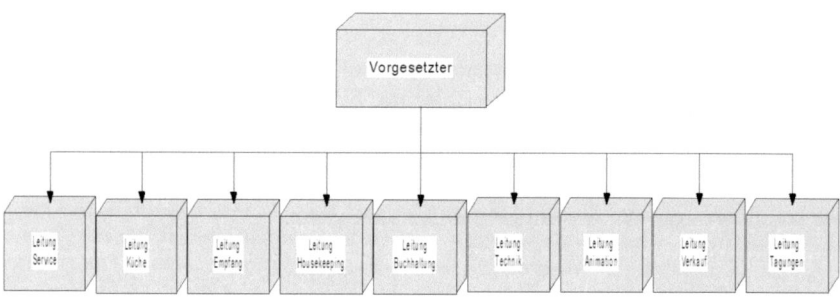

Ein Mitarbeiter kann gleichzeitig Kollege und Mitarbeiter sein. Nur beim obersten
Vorgesetzten = Chef klappt das nicht. Der steht einsam ganz oben in der Hierarchie.

Jetzt denken wir einen Schritt weiter: Nämlich, dass der Betrieb groß genug ist,
Abteilungsleiter zu beschäftigen. Es ist klar, dass dieser Abteilungsleiter oder
diese Abteilungsleiterin direkt unter dem Vorgesetzten steht, aber gleichzeitig
über ihren eigenen MitarbeiterInnen. Außerdem ist er/sie für die eigene Abteilung zuständig.

Das sieht dann so aus:

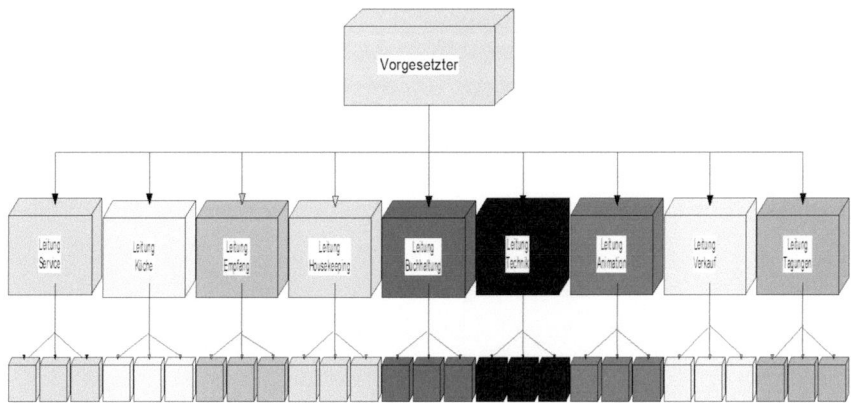

Die Verbindungsstriche geben gleichzeitig die Anweisungswege an. Und zwar immer nur von oben nach unten (vergleiche Pfeilspitzen), nicht umgekehrt. In der heutigen Zeit ist das nicht immer unbedingt angebracht. Natürlich soll der Vorgesetzte nach wie vor geachtet sein – der Mitarbeiter allerdings auch. Die Zeiten sind vorbei, in denen Mitarbeiter nur als kleines, austauschbares Rad im Getriebe betrachtet wurden.

Auch Mitarbeiter können sehr vernünftige Ideen haben. Also soll ihnen auch die Möglichkeit gegeben werden, diese vorzutragen.

Das beschriebene hierarchische System ist nicht mehr das ‚Nonplusultra' (Unübertreffbare).

Dieses System finden wir allerdings nach wie vor vielerorts, zum Beispiel

- beim Militär
- in der Schule
- bei Beamten
- ja sogar in der Kirche.

Das hierarchische System hat neben vielen Vorteilen auch ganz eindeutige Nachteile. Einer der größten Nachteile im hierarchischen System ist zum Beispiel die relative Inflexibilität (Unbeweglichkeit) des kompletten Aufbaus, da Informationen von unten nach oben deutlich mehr Zeit benötigen, manchmal sogar nie oben ankommen.

Sind Vorgesetzte auch gute Vorgesetzte?

Drehen wir unser oben aufgezeigtes Bild der obersten Hierarchie-Ebene ein wenig.

Nun sitzen alle Verantwortlichen in einem Kreis. Alle? Nein, der Chef/ Vorgesetzte noch nicht.

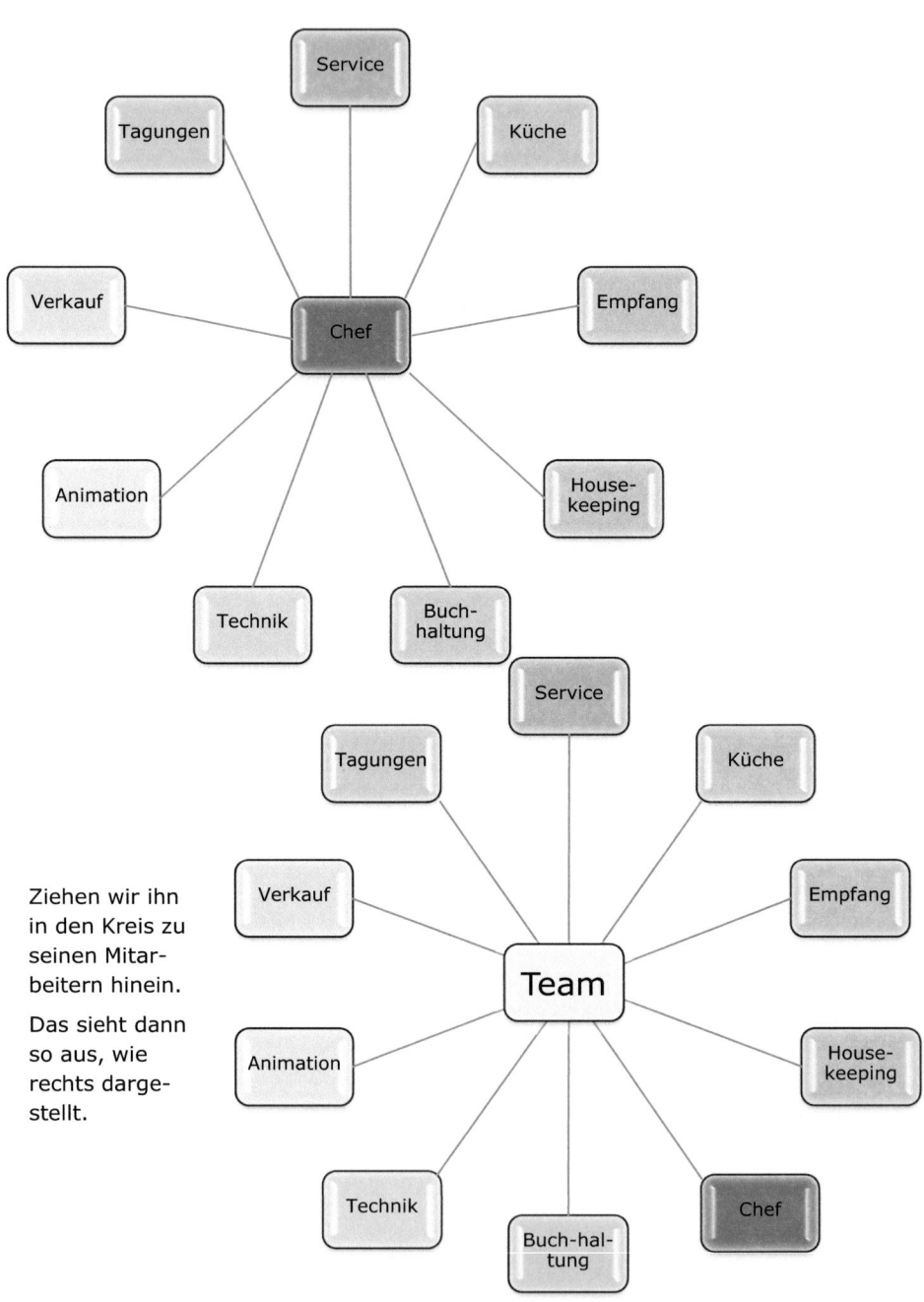

Ziehen wir ihn in den Kreis zu seinen Mitarbeitern hinein.

Das sieht dann so aus, wie rechts dargestellt.

Manchmal wird in wachsenden Betrieben einer, der sich bisher durch tadellose Arbeit ausgezeichnet hat, zum Vorgesetzten befördert.

Nun, einmal aus der Gruppe gleichberechtigter Kollegen ausgewählt, zeigt er ein verändertes Verhalten seinen ehemaligen Kollegen gegenüber. Sein Arbeitsverhalten wird anders werden – und hin und wieder auch zum Negativen neigen. Das Verhalten seinen ehemaligen Kollegen gegenüber, die jetzt plötzlich MitarbeiterInnen von ihm wurden, lässt zu wünschen übrig. Vielleicht erscheint er seinen früheren Kollegen jetzt arrogant, hochnäsig, ungerecht.

In vielen Betrieben, die in dieser Art anwachsen, wachsen diese Vorgesetzten-Probleme gleich mit. Für den Chef (oder Eigentümer) wird es recht schwierig, alles richtig zu beurteilen, da der Vorgesetzte bisher ja ein tadelloser Mitarbeiter war.

In einem Familienbetrieb ist es ebenfalls schwierig etwas zu sagen, da es sich um nähere oder weitere Verwandt- und Bekanntschaft handelt, mit der natürlich auch privat verkehrt wird. Es ist somit nicht ganz einfach zu kritisieren, und für den Betroffenen ist es nicht einfach, sich kritisieren zu lassen. Sehr leicht wird bei einem Gespräch dieser Art Privates mit hineingezogen, und eine saubere Problemlösung ist schwer zu finden.

> **Übrigens:**
> Weder Mitarbeiter noch Vorgesetzte sind aufgrund ihrer hierarchischen Position weder die schlechteren noch die besseren Menschen.

Wenn jeder versucht – egal auf welcher hierarchischen Ebene er steht – sich in den Kreis der Mitarbeiter und Kollegen einzubinden, werden Schwierigkeiten leichter gemeistert werden können.

Kritik und Lob

„Das war ja ganz großer Mist!"

Kritik üben

Ist es nicht leicht, Kritik zu üben?

Wenn jemand das Wort Kritik hört, denkt er meistens an Tadel. Kritik kann aber auch positiv ausfallen und wird dann als Lob bezeichnet.

Üblicherweise wird Kritik von oben nach unten geübt, nicht umgekehrt.

Kritik in umgekehrter Richtung zu üben ist schwierig umzusetzen, aber durch Gespräche und Rückmeldungen durchaus erreichbar.

Kritik erfolgt korrekterweise nur über zwei direkt übereinanderliegende Ebenen, nicht direkt zu einer dritten oder weiteren.

Üblich:

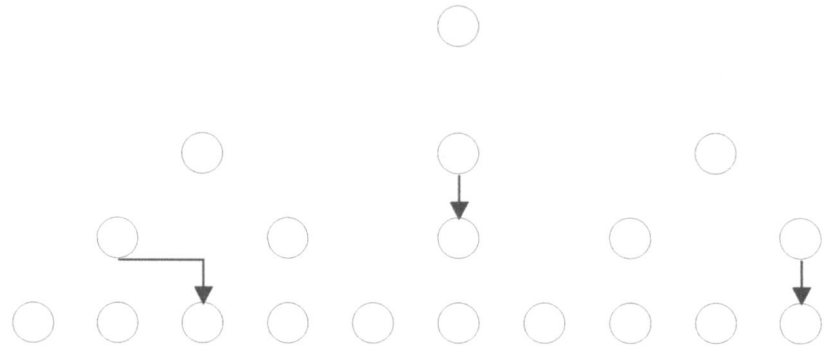

Ungeschickt, meist falsch:

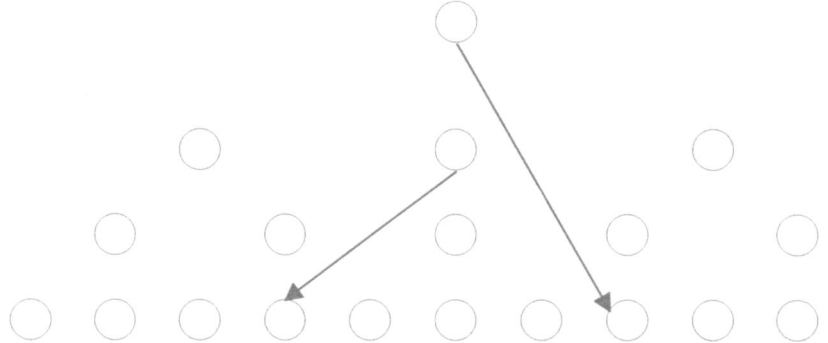

Die Kritik wird in einem Zweier-Gespräch, meist an einem neutralen Ort, geübt. Aber auch vor Ort, um anhand eines konkreten Beispiels/Vorfalls zu zeigen, wie weitere Fehler zu vermeiden sind, die dem Betrieb schaden könnten.

Übrigens:

Kritik an einem Mitarbeiter sollte nicht vor anderen Personen geübt werden, sondern nur unter vier Augen.

Die Kritik soll sich nur auf falsches Verhalten oder einen Fehler während der Arbeit beziehen und wird sachlich geübt. Nicht auf persönliche oder private Dinge des Kritisierten eingehen, sondern ausschließlich die Sache selbst kritisieren. Das ist nicht einfach, aber sehr wichtig.

Der Kritisierte soll begreifen, weshalb sein Verhalten Schaden für das Unternehmen oder für eine Person brachte. Er muss die Kritik verstehen, damit er den gleichen Fehler nicht wiederholt. Er muss das Gefühl haben, dass ihm die Kritik hilft, weitere Fehler im Interesse des Betriebs, und damit auch in seinem eigenen Sinne, zu vermeiden.

Kritik zu unterlassen

- „wegen des lieben Betriebsfriedens",

ist falsch. Das kann sogar als Schwäche ausgelegt werden.

- „Bei dem kann man alles machen."

Das hilft weder dem Betroffenen noch dem Betrieb. Es ist nicht jedermanns Sache, Kritik richtig üben zu können. Kritik üben gehört aber unweigerlich mit zu den Aufgaben des Vorgesetzten.

Weiter sollte klar sein, dass Kritik umgehend ausgesprochen werden muss.

Also: Lieber ehrlich mit offenen Karten spielen. Nicht dem Mitarbeiter ins Gesicht lächeln und hintenherum schlecht über ihn reden.

> **Übrigens:**
> Auch nach der Kritik muss eine weitere Zusammenarbeit möglich sein.

Und was nützt es dem Betroffenen, wenn er erst einen Monat nach dem Fehlverhalten kritisiert wird? Hat er dann noch etwas von der Kritik? Also, sofort Kritik üben!

Nicht vergessen: Bei einem Kritikgespräch soll keine Schuldfrage geklärt werden.

Kritik am Vorgesetzten

Sollten Sie Kritik am Verhalten Ihres Vorgesetzten äußern wollen, bitten Sie um ein Gespräch. Geben Sie freundlich aber begründet in Ich-Form (ich fühle mich unwohl, …) Ihre Meinung wieder.

Lob

Wenn Sie kritisieren, dann sollten Sie auf der anderen Seite auch loben.

Im Gegensatz zur Kritik kann Lob vor mehreren Mitarbeitern ausgesprochen werden. Es sollte nur darauf geachtet werden, dass kein Neid entsteht.

Ehrliches Lob motiviert. Durch ein ehrliches Lob erkennt der Vorgesetzte die Leistung des Mitarbeiters an. Die Leistungsqualität wird gesteigert. Einer möglichen Leistungseinbuße wird vorgebaut.

> **Übrigens:**
> Ein Vorgesetzter darf auch mal gelobt werden, denn er ist ein Mensch ‚wie Du und Ich'.

Der moderne Vorgesetzte

Mögliche Feedback-Liste zur Vorgesetzten-Beurteilung:

Meine Vorgesetzte, mein Vorgesetzter	☺	☺	☹	💣
• sorgt für gute Zusammenarbeit in seinem/ihrem Bereich, seinen/ihren Abteilungen	☺	☺	☹	💣
• sorgt für gute Zusammenarbeit mit anderen Bereichen/Abteilungen	☺	☺	☹	💣
• versteht es, Arbeitsabläufe transparent darzustellen	☺	☺	☹	💣
• spricht mit mir darüber, welche Arbeiten zu erledigen sind	☺	☺	☹	💣
• klärt mit mir ab, wie die Arbeiten zu erledigen sind	☺	☺	☹	💣
• informiert mich immer, wer was bis wann zu erledigen hat	☺	☺	☹	💣
• interessiert sich für meine Arbeit	☺	☺	☹	💣
• interessiert sich für die Ergebnisse, die ich erbringe	☺	☺	☹	💣
• unterstützt mich bei Vorschlägen meinerseits	☺	☺	☹	💣
• hört sich meine Ideen immer an	☺	☺	☹	💣
• ermutigt mich zu Verbesserungsvorschlägen	☺	☺	☹	💣
• hilft mir, wenn ich in Schwierigkeiten komme	☺	☺	☹	💣
• hilft mir bei Arbeitsengpässen	☺	☺	☹	💣
• informiert mich ständig über die Unternehmensentwicklung	☺	☺	☹	💣
• informiert mich ständig über Unternehmensziele	☺	☺	☹	💣
• setzt sich für mich ein	☺	☺	☹	💣
• lobt mich	☺	☺	☹	💣
• kritisiert mich sachlich	☺	☺	☹	💣
• kritisiert mich unter vier Augen	☺	☺	☹	💣
• kritisiert mich nicht in meiner Abwesenheit	☺	☺	☹	💣

	☺	😐	☹	💣
• greift nicht unnötig in meinen Arbeitsbereich ein	☺	😐	☹	💣
• greift nicht in meinen Delegationsbereich ein	☺	😐	☹	💣
• ist entscheidungsfreudig	☺	😐	☹	💣
• steht zu seinen Entscheidungen	☺	😐	☹	💣
• verteidigt mich Dritten gegenüber	☺	😐	☹	💣
• regt mich zur Mitarbeit an	☺	😐	☹	💣
• hat überwiegend gute Laune, bringt dadurch Spaß in die Arbeit	☺	😐	☹	💣
• teilt die Arbeit zeitsparend ein	☺	😐	☹	💣
• teilt die Arbeit kostensparend ein	☺	😐	☹	💣
• teilt das Personal sinnvoll ein	☺	😐	☹	💣
• arbeitet mit mir vertrauensvoll zusammen	☺	😐	☹	💣
• ist bereit, selbst sachliche Kritik anzunehmen	☺	😐	☹	💣
• bildet mich weiter	☺	😐	☹	💣
• schickt mich auf Schulungen und Seminare	☺	😐	☹	💣
• gestaltet meinen Arbeitsplatz so, dass ich mich wohlfühle	☺	😐	☹	💣
• motiviert mich ständig	☺	😐	☹	💣

Der moderne Mitarbeiter

Mögliche Feedback-Liste zur Mitarbeiter-Beurteilung:

Mein/e Mitarbeiter/in				
• sorgt für gute Zusammenarbeit in seinem/ihrem Bereich, seiner/ihrer Abteilung	☺	😐	☹	💣
• sorgt für gute Zusammenarbeit mit anderen Bereichen/Abteilungen	☺	😐	☹	💣
• interessiert sich für seine/ihre Arbeit	☺	😐	☹	💣

	☺	😐	☹	💣
• setzt sich für Kollegen ein				
• kann loben				
• kritisiert sachlich				
• kritisiert unter vier Augen				
• kritisiert nicht in Abwesenheit der Betroffenen				
• harmoniert gut im Team				
• bringt gute Arbeitsleistung				
• handelt in seinem/ihrem Aufgabenbereich selbständig				
• trägt dazu bei, das Betriebsklima günstig zu gestalten				
• trägt zu mehr Umsatz bei				
• kann gut verkaufen				
• hat neue, brauchbare Ideen und Vorschläge				
• nimmt regelmäßig an Besprechungen teil				
• bildet sich weiter				
• ist motiviert				
• motiviert andere				
• hat eine gute Auffassungsgabe				
• zeigt Einsatzbereitschaft				
• arbeitet flott				
• ist zuverlässig				
• ist pünktlich				
• arbeitet sauber				

	☺	☺	☹	💣
• hat ein sauberes Erscheinungsbild				
• ist belastbar	☺	☺	☹	💣
• hat eine ausgeglichene Persönlichkeit	☺	☺	☹	💣
• arbeitet kostenbewusst	☺	☺	☹	💣
• zeigt Initiative	☺	☺	☹	💣
• hat Verhandlungsgeschick	☺	☺	☹	💣
• hat Überzeugungskraft	☺	☺	☹	💣

Private Probleme der Mitarbeiter

Gehören private Probleme – wobei Probleme ja lieber als ‚Herausforderung' be- zeichnen werden sollten – in den Betrieb?

Es scheint vollkommen richtig zu sein, wenn der Chef sagt, dass private Ange- legenheiten im Betrieb nichts zu suchen haben. Das geht schon aus dem Spruch „Dienst ist Dienst und Schnaps ist Schnaps" hervor.

Allerdings ist aus diesem Spruch zu hören, dass es eher um die positiven priva- ten Dinge wie Feiern, Trinken, Zusammensein, Flirten, Lieben und weiteres geht.

Doch mehr oder weniger hat jeder auch einmal Probleme zu Hause. Es heißt zwar, es gäbe keine Probleme, sondern nur Lösungen, aber das hilft nicht über die Tatsache hinweg, dass MitarbeiterInnen gibt, die, beladen mit privaten Problemen, in den Betrieb kommen. Können sie erwarten, dass der Betrieb grundsätzlich Rücksicht auf sie nimmt?

Das würde den Betriebsablauf viel zu empfindlich stören.

Andererseits können problembe- ladene MitarbeiterInnen ihrer Auf- gabe im Betrieb nicht voll nach- kommen.

Ein aufmerksamer Chef oder Kol- lege wird bemerken, dass in ei- nem/r Mitarbeiter/in etwas vor sich geht. Wenn er feststellt, dass es sich um etwas Ernsthaftes han- delt, hat er das Recht, vielleicht sogar die Pflicht, mit der/dem Betroffenen in einem ruhigen Gespräch heraus-zufinden, inwieweit er helfen kann. Nicht vergessen, wir sprechen hier tatsäch-lich über wichtige Probleme und nicht über irgendwelche Kindereien.

Ein Gespräch von Mensch zu Mensch bewirkt oftmals Wunder. Der Mitarbeiter sieht, dass Verständnis aufgebracht wird, dass jemand möglicherweise unter-stützend oder tröstend zur Seite steht. Sicherlich kann diese Art der Hilfe nicht ständig erfolgen. Es handelt sich um wirkliche Probleme. Hier hat der Vorge-setzte die Möglichkeit zu zeigen, dass er auch menschlich reagieren kann.

In jedem Betrieb sieht ein Organigramm (Organisationsplan) anders aus, in den meisten Betrieben wie eine Pyramide. Ein Chef oben, ein paar Hauptabteilungs-leiter, mehr Abteilungsleiter, noch mehr Mitarbeiter usw.

Wie wir wissen, gehen Anweisungen von oben nach unten. Rückmeldungen er-folgen von unten nach oben. Und zwar immer zwischen zwei Ebenen. Wir nennen das die dienstliche oder auch formale Verbindung.

Hier sind zwei direkte dienstliche Verbindungen gezeigt:

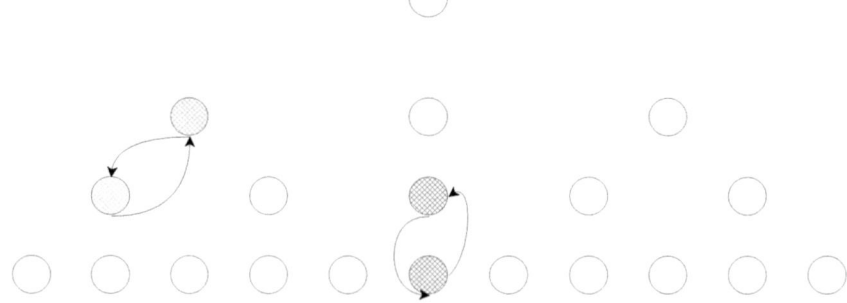

Nun ist es aber so, dass sich Menschen im Betrieb auch gerne einmal privat austauschen.

Durch diese privaten Verbindungen kommt es zu informellen Aussagen auch über die üblichen Hierarchie- und Weisungsgrenzen hinweg.

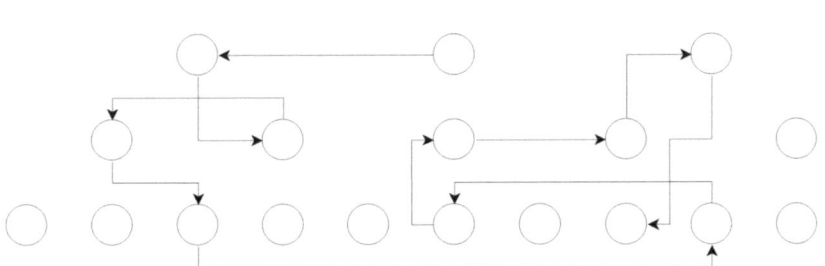

Und ist es nicht auch viel interessanter, Informationen direkt von der Auszubildenden zu erhalten? Die Reinemachefrauen haben übrigens auch ein sehr großes Informationsangebot. Die Sekretärinnen (entschuldigen Sie, meine Damen) wissen, da sie an der Quelle sitzen, oft ebenfalls recht viel.

Leicht kann es dann vorkommen, dass eine Information, die noch nicht für die Allgemeinheit gedacht war, über den persönlichen Freund der Sekretärin, der vielleicht an der Pforte arbeitet, weitergegeben wird.

Es könnte sein, dass der beste Freund des Freundes wiederum, der in der Buchhaltung tätig ist, für jede informelle Information ebenso dankbar ist, um die Neuigkeiten gleich an die Telefonistin weiterzugeben, mit der er seit längerem in näherer Verbindung steht.

Tratsch oder gutes Betriebsklima?

Der korrekte Umgang mit Maschinen, Geräten und Technik wird trainiert, gelehrt und gelernt, oft durch Schulungen und Seminare.

Aber auch der gute Umgang mit Kollegen, Vorgesetzten und Mitarbeitern will gelernt sein. Hier fällt das professionelle Training leider oft unzureichend aus. Die Schulung sogenannter Soft Skills, der ‚weichen' Fähigkeiten, ist häufig ausbaufähig.

Deshalb einige Tipps zum erfolgreichen Umgang mit Menschen in Ihrem beruflichen Umfeld.

- Sagen Sie die Wahrheit. Seien Sie ehrlich, aber verletzen Sie Ihr Gegenüber dabei nicht. Nur im Ausnahmefall sind Notlügen erlaubt.

- Machen Sie Komplimente und verteilen Sie Lob, da wo es angebracht ist – aber nur dann, wenn es wirklich ehrlich gemeint ist.

- Eigenschaften (zum Beispiel ‚Macken') eines Gegenübers sind kein Grund, sich darüber lustig zu machen. Auch müssen Sie diese nicht erwähnen.

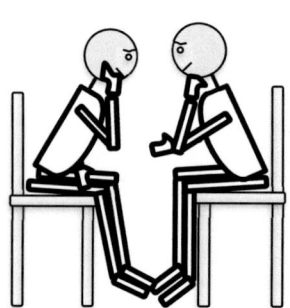

- Neugierde gehört zum Menschen. ‚Tratschen', ‚Klatschen', ‚Gerüchte weitertragen' gehören allerdings eher zu den negativen Eigenschaften des Menschen.

- Nicht alles, was Sie erfahren, ist für Dritte bestimmt. Gehen Sie mit Informationen über andere einem Dritten gegenüber sehr vorsichtig, sehr sensibel um.

- Seien Sie diskret, allerdings ohne Bedrohliches zu verschweigen.

- Geben Sie dem Gegenüber ehrliches Feedback, aber erst dann, wenn Sie darum gebeten werden. Äußern Sie dann Ihre Wahrnehmungen ‚Ich-bezogen'. „Ich habe gehört, gefühlt, gesehen ..."

- Vermeiden Sie ungewollte Ratschläge: „Ich an Ihrer Stelle würde ..."

- Bei Unklarheiten, Zweifeln oder Unstimmigkeiten, sprechen Sie mit dem Betroffenen direkt. Sie können offen reden, ohne Ihren Gesprächspartner zu beleidigen. In der Regel geht es um das Verhaltensmuster des Betroffenen und nicht um den Menschen als solchen.

- Redet ein Dritter negativ über Sie oder über Ihr Verhaltensmuster, stellen Sie ihn offen zur Rede.

- Gerüchte aufbauen ist sehr unfair. Gerüchte als Wahrheit zu verkaufen ist sehr unklug.

Vermeiden von Gerüchten

Behaupten Sie nicht: „Frau Mertens hat eine Beziehung mit Herrn Schulte." Das ist eine Feststellung. Sie zementieren eine (richtige/falsche?) Wahrheit.

Besser: „Frau Mertens soll eine Beziehung mit Herrn Schulte haben." Sie beschreiben Gehörtes. Es muss demnach nicht stimmen.

Noch besser: „Laut Frau/Herrn X soll Frau Mertens eine Beziehung mit Herrn Schulte haben." Sie nennen die Quelle und ziehen sich sozusagen aus der Schusslinie. Am besten: Nichts sagen.

Typische Merkmale eines Gerüchts

Ein Gerücht:

- kann gewollt oder ungewollt in die Welt gesetzt werden,
- baut häufig auf Tatsachen auf,
- verbreitet sich unkontrolliert,
- wird meist mündlich übertragen,
- ist unverbürgt,
- wird oft verzerrt, entstellt oder verfälscht (aus einer Mücke wird ein Elefant gemacht),
- verbreitet sich umso schneller, je betroffener der Empfänger der Nachricht auf das Gerücht reagiert,
- verstärkt sich, wenn fehlende Informationen die Fantasie der Empfänger anregt,
- verbreitet sich schneller, wenn es sich um ein ‚zweideutiges' Gerücht handelt,
- wird vom Betroffenen oft als Letztes gehört.

Aus der Mücke einen Elefanten machen

Hier besteht die große Gefahr, dass eine Gerüchteküche entsteht. Wie schnell werden Informationen falsch aufgenommen oder falsch wiedergegeben!

Vor vielen Missverständnissen lässt sich nicht schützen, aber bei den meisten Aussagen kann jeder vorsichtiger sein und so mithelfen, die Gerüchteküche nur schwach brodeln zu lassen.

Wohl jeder (neue) Mitarbeiter wird sich recht schnell in die bestehenden Verknüpfungen der anderen Mitarbeiter einhängen beziehungsweise wird eingehängt werden. Für das soziale Umfeld ist es für jeden ziemlich wichtig, in der privaten Verbindung mitzuspielen. Sollte sich ein neuer Mitarbeiter nicht in das System eingliedern lassen, gerät er sehr schnell zum Außenseiter.

Und, so traurig es auch ist, der Chef kann nicht erkennen, warum der Neue nicht zurechtkommt, und es wird ihm auch keiner sagen.

Bleibt noch die Frage, wie Sie mit diesen privaten Verbindungen mit meist Unwesentlichem umgehen. Hier ist wieder jeder Mitarbeiter gefragt. Geheimnisse müssen entweder weitestgehend vermieden oder tatsächlich als Geheimnisse behandelt werden! So einfach ist das.

Denken Sie bitte einmal darüber nach, bevor Sie das nächste Mal jemandem etwas sagen. Das sind Sie Ihrem Betrieb schuldig.

Betriebsausflüge und sonstige betriebliche Feiern

„Was haben wir getrunken, wie haben wir gelacht! Es war super!"

Schön, wenn Sie so über einen gelungenen Betriebsausflug reden können.

Auf betrieblichen Veranstaltungen lernen Sie die Menschen, mit denen Sie (täglich) beruflich zu tun haben, ganz anders kennen.

Nicht selten entwickelt sich auch eine tiefere – um nicht zu sagen intimere – Beziehung zwischen der einen und der anderen Person.

Fast auf allen betrieblichen Veranstaltungen fließt Alkohol. Manchmal als kleines Bächlein, manchmal regelrecht in Strömen. Bekanntlich lockert sich die Zunge mit zunehmendem Alkoholkonsum. Und schon rutscht mal eine Aussage aus dem Mund, die im Berufsalltag höchstens hinter vorgehaltener Hand geflüstert worden wäre. Der alkoholisierte Zustand ist allerdings kein Freibrief, andere zu verletzen.

Nun ist es aber doch geschehen! Erst am nächsten Morgen erfolgt die große Ernüchterung. Zweifel über das eigene Verhalten kommen auf. Wie wird der Betreffende reagieren?

Wie lösen Sie diese Herausforderung?

Menschen dürfen Fehler machen. Sie sind ein Mensch. Deshalb dürfen Sie auch einmal über die Stränge schlagen. Aber am nächsten Tag muss alles wieder ins richtige Lot gerückt werden. Also: Sobald wie möglich den Betreffenden aufsuchen und um ein Gespräch bitten.

In diesem Gespräch klären Sie unverblümt, dass Sie zu weit gegangen sind. Es schadet nichts, sich zu entschuldigen. Betonen Sie, dass Sie auch in Zukunft gerne und ohne Missstimmigkeiten zusammenarbeiten wollen. Wenn Sie es ehrlich meinen, wird Ihr Gegenüber Ihr Verhalten auch als ehrlich werten.

Oft besiegelt ein kräftiger Händedruck das neu gefestigte Abkommen. Einer positiven, weiteren Zusammenarbeit steht nun nichts mehr im Wege.

Verbrüderung

Sie haben sich auf dem Betriebsausflug mit jemandem verbrüdert? Sind zum ‚Du' übergegangen? Am Arbeitsplatz sind Sie nicht mehr sicher, ob das Du auch jetzt noch gilt? Dann heißt es auch hier: Sofort klären!

- Erste Möglichkeit: Sie möchten das Du beibehalten.
- Zweite Möglichkeit: Sie möchten zurück zum Sie.

Zu 1. Sie gehen auf Ihren neugewonnenen Duz-Freund zu. Lächeln Sie ihn an und sagen Sie: „Hallo, einen schönen guten Morgen. Es war sehr schön gestern, nicht wahr? Wir haben ja sogar auf Du angestoßen. Sollen wir denn auf das Sie zurückgehen oder wollen wir beim Du bleiben?"

Überlassen Sie Ihrem Gegenüber die Wahl. Bedingt durch Ihre leicht manipulierte Fragestellung erkennt Ihr Gesprächspartner den Wunsch zum bleibenden Du. Ist er einverstanden, bleibt es beim Du.

Er könnte aber auch so antworten: „Ja, ich fand es ebenfalls sehr angenehm gestern. Aber gestern war gestern und heute ist heute. Deshalb sollten wir das Sie vorziehen. Meinen <u>Sie</u> nicht auch?" Bitte nicht böse sein oder enttäuscht reagieren.

Sie akzeptieren den Wunsch Ihres Gegenübers, lächeln ihn aufrichtig an und bestätigen die Argumente. „Na klar, versteht sich von selbst. Dann wünsche ich Ihnen einen angenehmen Arbeitstag.

Wir sehen uns sicher beim Mittagessen (oder in den nächsten Tagen, oder beim nächsten Meeting usw.).

Zu 2. Sie suchen recht bald den Kontakt zu Ihrem ungewollten Duz-Freund. Begrüßen Sie wie folgt. „Hallo, einen schönen guten Morgen wünsche ich <u>Ihnen</u>. Hat es <u>Ihnen</u> auch so gut gefallen wie mir?"

Ihr Gegenüber hört deutlich, dass Sie wieder die Sie-Form bevorzugen und wird entsprechend mit dem Siezen fortfahren.

Sollte er Sie mit Du anreden oder Sie auf das Du hinweisen, können Sie wie folgt reagieren: „Ich weiß, dass wir uns gestern geduzt haben. Aber gestern war gestern und heute ist heute.

Wir sind so lange gut mit dem Sie ausgekommen; lassen Sie es uns die nächste Zeit so fortführen. Sie sind sicher einverstanden?"

Vielleicht haben Sie nun eine ‚beleidigte Leberwurst' vor sich. Pech. Oder Sie haben einen Menschen kennengelernt, der Ihre Persönlichkeit und Ihren Wunsch respektiert. Bravo!

Teil 6

Verhalten in der Öffentlichkeit

Unterwegs

Seine Schmutzwäsche wäscht man zu Hause, nicht in der Öffentlichkeit.
Napoleon I. Bonaparte, frz. Kaiser
(1769 - 1821)

Die Gruppe macht stark?

Wenn die Gruppe stark macht, heißt das folgerichtig, dass jemand außerhalb der Gruppe schwach ist? Benötigen wir eine soziale Gruppe, um uns verwirklichen zu können?

Das Team und die Gruppe

Etwa in jeder dritten Stellenanzeige steht, dass der Bewerber teamfähig sein soll. Das Wort Team ist in (fast) aller Munde. Dabei muss angemerkt werden, dass nur die wenigsten wissen, was wirklich echte Team-Arbeit bedeutet. Aber das ist nicht unser Thema. Immer wieder heißt es im Sport von einem Team: „Nur im Team sind wir stark!" So zeichnet sich ein Team zum Beispiel dadurch aus, dass es ein <u>gemeinsam</u> gestecktes Ziel verfolgt.

So weit so gut. Wenden wir uns nun Gruppen zu. Wir meinen Gruppen von Menschen. Menschen, die zufällig zusammengekommen sind. Zum Beispiel in der U-Bahn. Oder Menschen, die zwar ein gemeinsames Ziel verfolgen, aber kein Team bilden. Zum Beispiel die Eltern während eines Elternabends.

Manchmal treffen sich auch Menschen, um gemeinsam an einer Veranstaltung teilzunehmen. Zum Beispiel in einem Fußballstadion. In der Regel kennen sich die Menschen, die sich hier als Gruppe finden, vorher nicht. Aber es gibt auch Gruppen von Menschen, die sich regelmäßig treffen und somit natürlich auch kennen. Zum Beispiel jene, die sich einmal in der Woche im Sportverein treffen. Und nicht zu vergessen eine Gruppe von Freunden, die am Nachmittag oder am Abend gemeinsam etwas unternimmt.

Besonders auf die zuletzt genannte Gruppe von Menschen wollen wir die Aufmerksamkeit lenken. Von den USA ist bekannt, dass sich manche Gruppen als ‚Gang' bezeichnen. Die einzelnen Gruppenmitglieder sind stolz darauf, einer Gang angehören. Nach außen hin wird die Zusammengehörigkeit zum Beispiel durch ein ähnliches Kleidungsstück gezeigt. Alle Mitglieder einer Gang tragen die gleichen Jacken, fahren ein vergleichbares Fahrzeug oder benutzen ein sonstiges Accessoire (Zubehör), um sich kenntlich zu machen. Sobald diese Personen in einer Gruppe geballt auftreten, wirken sie leicht Furcht einflößend auf andere. Nicht selten ist auch noch Alkohol im Spiel, sodass sich die Gruppe nicht nur optisch abhebt, sondern auch akustisch darstellt.

Die Gruppe macht stark

Es ist ein natürliches Bedürfnis des Menschen, soziale Bindungen einzugehen. Demnach spricht überhaupt nichts gegen eine Gruppenbildung – im Gegenteil. Aber, und jetzt sind wir beim Titel „Die Gruppe macht stark!": Nicht jeder ist von Natur aus ein kräftiger, starker, selbstbewusster Mensch. Im Schutz der Gruppe kann sich allerdings jeder sicher fühlen. Diese Sicherheit bewirkt, dass die Gruppe stark werden kann.

Innerhalb einer Gruppe kann sich jeder mehr oder weniger frei bewegen und alles tun und lassen was er will – solange er nicht die internen Spielregeln verletzt.

Solomon Asch zeigte schon im Jahre 1956 in einer interessanten Versuchsreihe, dass fast 75 % aller Testkandidaten innerhalb einer Gruppe eine vorgegebene Meinung annehmen. Solomon Asch stellt in seinen Versuchen den sozialen Einfluss und Gruppenzwang dar. Bekannt ist die Neigung der Gruppenangehörigen, die Meinung und das Verhalten der Gruppe anzunehmen.

Aufgrund dieses Einflusses und des Gruppenzwangs geschieht es tatsächlich, dass die eben erwähnten 75 % zum Teil wider besseres Wissen ein Verhaltensmuster annehmen, welches sie außerhalb der Gruppe ablehnen würden.

Einer alleine geht selten brüllend durch die Straßen. Sobald mehrere fröhliche Zecher unterwegs sind, kann es schon deutlich lauter werden. Unternimmt ein Sportverein einen gemeinsamen Ausflug, ist dieses Bild häufig anzutreffen.

Stehen Schüler und Schülerinnen gemeinsam an der Busstation, kann es zu vergleichbaren Situationen kommen.

Stellen Sie sich nun eine Gruppe Schüler in der Straßenbahn oder in der Eisenbahn vor. Die anderen Reisenden wären sehr wahrscheinlich froh, hätten sie jetzt gute Ohrstöpsel.

Vielleicht ist es Ihnen auch schon einmal so ergangen, dass Sie sich in einer Gruppe anders verhalten haben, als Sie es ‚eigentlich' wollten.

Viele Menschen berichten, dass sie auf diese Art und Weise ihre ersten Zigaretten geraucht haben. Andere erzählen, dass sie in so einer Situation zum ersten Mal betrunken waren. Wieder andere hatten aufgrund des Gruppendrucks ihre ersten Kontakte mit Drogen.

Es ist nicht Ziel und Aufgabe hier zu entscheiden, was gut oder schlecht ist. Jeder und Jede soll selbst entscheiden. Unsere Aufgabe sehen wir darin, darauf aufmerksam zu machen, dass das Verhalten in einer Gruppe anders sein kann. Rücksichtnahme auf andere und insbesondere auf Nicht-Gruppenmitglieder – damit wird der gute Umgang unter Beweis gestellt.

Verhalten auf der Straße

Im Straßenverkehr sehen wir die Gruppe der Radfahrer, die Gruppe der Fußgänger, die Gruppe der Autofahrer, Mopedfahrer und Motorradfahrer. Nur wenn alle aufeinander Rücksicht nehmen, ist ein unfallfreies Fortkommen gewährleistet.

Skateboarder und Rollerfahrer

Skater gehören auf den Bürgersteig. Sehr zur Freude der Autofahrer, aber sehr zum Missfallen vieler Fußgänger.

E-Bike-Fahrer, Roller, E-Roller … und immer wieder gibt es neue Erfindungen. Autostraßen, Fahrradwege, Fußgängerwege sind vorhanden. Wohin aber mit neuen Fortbewegungsmitteln?

Bei der Zulassung der E-Roller gab es lange Diskussionen, wo der sich bewegend darf. Unabhängig der gesetzlichen Vorgabe sollte jeder Nutzer neuer Fahrzeuge umsichtig und vorausblickend am öffentlichen Straßenverkehr teilnehmen. Achten Sie auf vermeintlich schwächere Teilnehmer.

Provozieren Sie keine kritischen Situationen, auch dann nicht, wenn Sie sich im Recht fühlen. Das kann ‚ins Auge gehen' oder sogar das Leben kosten.

Das Leben ist viel zu kostbar, solch ein unüberlegtes Risiko einzugehen.

Verhalten in Bus und Bahn

Eine Frage, die sich immer wieder stellt. Gibt es einen vernünftigen Grund, warum Jugendliche in Straßenbahn, U-Bahn oder Eisenbahn ihre Schuhe auf den Sitz gegenüber stellen? Und zwar auch dann, wenn deutlich sichtbar ist, dass andere Reisende gerne diesen Platz eingenommen hätten.

Sicherlich ist es bequem, die Füße hochzulegen. Dagegen wird kaum einer etwas einzuwenden haben. Aber: Ist es denn so schwierig, einfach einmal aus den Schuhen zu schlüpfen? Oder eine Tasche oder eine Zeitung unter die hochgelegten Schuhe zu legen? Und wenn es voll wird in der Bahn, die Füße nach unten zu nehmen und freiwillig und ohne Aufforderung den Sitz freizugeben?

Sicherlich nicht, oder?

Ein Revier markieren

Es ist auch als weit verbreitete Unsitte anzusehen, wenn ein Fahrgast den Platz neben sich und gegebenenfalls auch den Platz gegenüber blockiert, indem er dort seine Tasche, seinen Rucksack oder seine Unterlagen ablegt. Natürlich betrifft das nicht nur Jugendliche. Sehr viele Erwachsene stecken auf diese Art und Weise ihr Revier ab!

Vielleicht kann ein Jugendlicher durch korrektes Verhalten einen Erwachsenen aufmerksam machen, sich ebenso korrekt zu verhalten.

Auch hier werden ein klein wenig Aufmerksamkeit und Höflichkeit untereinander das harmonische Zusammensein fördern.

Einsteigen und aussteigen lassen

Kaum einer wird wohl anzweifeln, Reisende erst aussteigen zu lassen, bevor Fahrgäste einsteigen. Hingegen ist auf den meisten Bahnhöfen gerade während der Rushhour immer wieder zu beobachten, dass Groß und Klein, Jung und Alt, Männlein wie Weiblein mit aller Kraft versuchen, sich in den Wagon zu drücken, sobald sich die Türen öffnen. Böse Blicke werden ausgetauscht mit jenen, die aussteigen wollen. Ungern wird auch nur ein Zentimeter zur Seite gegangen. Die Tasche und den Schirm fest im Griff, wird jeder Millimeter verteidigt. Lieber wird gerempelt und gedrückt. Ist das wirklich nötig?

Falls Sie wirklich einmal keinen Sitzplatz ergattern. Nun, dann stehen Sie eben einmal. Davon geht die Welt nicht unter. Oder?

Schwarzfahren

Manche scheinen sich ein Hobby daraus zu machen, schwarz zu fahren. Dem öffentlichen Nahverkehr gehen durch die Schwarzfahrer gigantische Summen verloren. Natürlich werden diese Beträge in irgendeiner Art wieder auf die Fahrpreise aufgerechnet.

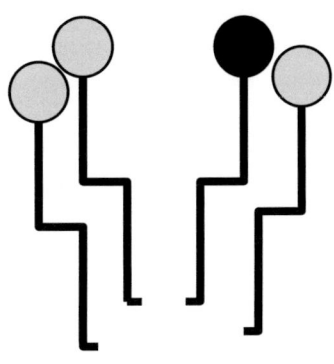

Damit wird der ganze Spaß noch teurer. Die Aussage eines ca. 14-jährigen Mädchens ist mir noch im Ohr. Sie sagte zu ihrer Freundin: „... und wenn ich erwischt werde, ist es mir auch egal. Dann soll eben meine Mutter bezahlen." Scheint ja ein gutes Verhältnis zur Mutter zu haben ...

Je mehr Schwarzfahrer die Einstellung haben, andere für sich bezahlen zu lassen, desto wahrscheinlicher wird es, dass verstärkte Kontrollen durchgeführt werden müssen. Kontrollen sind eher unangenehm, bleiben aber nicht aus. Müssen wir fürchten, dass der sogenannte und befürchtete Kontroll-Staat schon im Bus Realität wird?

Graffiti und andere

Es erübrigt sich, darüber zu diskutieren, ob das Anbringen von Graffiti an fremden Fahrzeugen oder Immobilien korrekt ist. Sehr wahrscheinlich wird es auch kaum jemanden geben, der es für gut befindet, wenn Fensterscheiben in öffentlichen Verkehrsmitteln zerkratzt werden.

Umgang mit dem Mobiltelefon

Fahr trendy – ohne Handy.
Aus einer Verkehrssicherheitsaktion der Verkehrswacht Niedersachsen

Im Zeitalter des mobilen Telefons

Bekanntlich leben wir im Zeitalter der Kommunikation. Firmen und Betriebe sind untereinander vernetzt. Wer heute über keine eigene E-Mail-Adresse verfügt, scheint schon fast den Anschluss an die Zukunft verpasst zu haben.

Täglich haben mehr Menschen Zugriff auf das Internet. In wenigen Sekunden können Sie lesen, ob auf Hawaii, den Fidschi-Inseln, oder irgendwo in der Südsee ein Tornado zu erwarten ist; Sie können Wetterinformationen weltweit fast sofort abrufen; Sie haben Zugriff (und zwar ebenso weltweit) zu jedem Thema, das Sie gerade interessiert.

Es wird vom sogenannten ‚intelligenten Haus' gesprochen. Hier sind alle Elektrogeräte miteinander verkabelt. Das System erkennt, ob sich Fenster automatisch schließen oder öffnen sollen, ob Licht während der Abwesenheit ausgeschaltet wird, es achtet darauf, dass keine Herdplatten weiterbrennen, wenn die Bewohner das Haus verlassen und so weiter, und so weiter.

Fast jeder in hiesiger Kultur besitzt neben Fernsehgerät und Radio ein Telefongerät und natürlich die Internet-Angebote. Besonders im Urlaub sind unzählige Touristen mit Fotokameras, Videokameras, Handykameras und sonstigen Aufzeichnungsgeräten. Fernsehgeräte werden immer flacher – die Monitore gleichzeitig immer größer.

TV-Monitore in Armbanduhren am Handgelenk sind schon lange keine Neuheit mehr. Telefonanlagen mit Bildtelefon werden immer häufiger.

Smartphones mit Zugriff aufs Internet haben die Welt schon lange erobert. Jederzeit, 24 Stunden am Tag, wo Sie auch sind auf dieser großen Welt, haben Sie Zugriff auf jeden und auf jede Information. Toll, oder? Oder vielleicht doch nicht? Erscheint das als Horror-Vision? Egal ob Sie für oder gegen diese Technik sind, es ist eine Tatsache, dass dies eben genau so ist.

Weshalb überhaupt Regeln fürs mobile Telefon?

Natürlich müssen wir uns nicht gottergeben mit dieser Tatsache abfinden.

Selbstverständlich dürfen und sollen die Menschen sich kritisch mit diesen Themen auseinandersetzen. Wo viele Menschen miteinander kommunizieren, müssen offensichtlich Regeln erstellt werden, die die Kommunikation miteinander erleichtern.

Vor wenigen Jahren wusste kaum einer, was ein Handy ist. Also gab es auch keinen Bedarf für einen Handy-Knigge.

Da inzwischen so viele Menschen ein Smartphone benutzen, scheint es unausweichlich, bestimmte Regeln für den Umgang mit dem Smartphone. Damit soll auch in Zukunft ein positives Miteinander ermöglicht werden.

Harmonisch trotz Handy/Smartphone

Im Folgenden wollen wir zeigen, dass der Smartphone-Benutzer und seine Mitmenschen trotz aller Herausforderungen harmonisch miteinander auskommen können.

Es gilt: Sprechen Sie deutlich ins Smartphone und nicht zu schnell. Stehen Sie dabei mit dem Rücken zu anderen abgewendet, zum Beispiel am Bahnsteig.

Führen Sie keine Endlosgespräche, die nur ‚Zeit fressen'. Es ist nicht notwendig, ins Smartphone zu schreien. Die Technik ist sensibel genug, um auch mit normaler Lautstärke Gesprochenes gut zu vermitteln.

Für einige Menschen ist es eine Herausforderung am Telefon zu sprechen, ohne dabei wild zu gestikulieren und aufgeregt hin- und herzugehen.

Zeitgemäßes Verhalten am mobilen Telefon

Sprechen Sie jemandem etwas auf den Anrufbeantworter beziehungsweise die Mailbox, dann nennen Sie Ihren Namen und den Grund des Anrufs. Hinterlassen Sie eine Telefonnummer, unter der Sie erreichbar sind.

Damit es kein endloses Hin- und Hertelefonieren wird, geben Sie eine Zeitspanne an, in der Sie am ehesten erreichbar sind.

Allgemeine Telefonregeln

Folgende Regeln gelten beim Smartphone wie auch bei fest installierten Telefonapparaten.

Bevor Sie (beruflich bedingt) anrufen:

- Legen Sie sich eventuell benötigte Unterlagen zurecht.
- Klären Sie ab, wen genau Sie sprechen wollen (das gilt natürlich besonders bei beruflichen Kontakten).
- Halten Sie ein Schreibgerät bereit.
- Halten Sie einen Schreibblock beziehungsweise eine Schreibunterlage bereit.
- Stellen Sie sich gedanklich auf das Gespräch ein.

Nachdem die Verbindung hergestellt ist:

- Begrüßen Sie deutlich Ihren Gesprächspartner mit „einen schönen guten Tag, hier spricht Vorname – Nachname".

- Sprechen Sie klar und verständlich (bei Smartphone: gegebenenfalls stören Außengeräusche die Kommunikation).
- Wählen Sie eine positive Grundeinstellung. Nicht vergessen: ‚Freundlichkeit sehen die Blinden und hören die Gehörlosen'. Damit ist gemeint, dass ein Lächeln sehr wohl beim Gegenüber ankommt.
- Kommen Sie schnell zur ‚Sache'.
- Klären Sie, wie weiterhin zu verfahren ist.
- Verabschieden Sie sich freundlich, danken Sie für das Gespräch und wünschen noch einen schönen Tag.

„Wie war Ihr Name?"

In den letzten Sekunden wird er sich wohl nicht geändert haben? Also:

- „Wie ist Ihr Name?"

Wenn Sie sich am Telefon melden, sprechen Sie klar und deutlich.

- „Guten Tag, Firma Kugel und Rund, mein Name ist Irene Mertens. Was kann ich für Sie tun?"

Das scheint Ihnen zu lang? Dann kürzen Sie dort, wo es Ihnen sinnvoll erscheint. Jedenfalls erscheint die folgende telefonische Begrüßung als ungenügend:

- „Kugel und Rund."

Soll der Teilnehmer weiter verbunden werden, ist dieser Hinweis hilfreich:

- „Ich verbinde Sie jetzt mit Frau Y."

Wenn Sie sich die oben aufgeführten Punkte genau durchlesen, werden Sie feststellen, dass Sie die Angaben, die die Vorbereitung betreffen, während einer Autofahrt am Steuer des Wagens kaum verwirklichen können. Am Steuer eines Fahrzeugs wird wie unten beschrieben verfahren.

Don'ts am Telefon:

- Nebenbei anderen Tätigkeiten nachgehen, wie Daten eintippen.
- Während des Gesprächs essen oder trinken.
- Während des Gesprächs rauchen.
- Musik im Hintergrund kommt im Geschäftsleben eher weniger gut an. Also Musik ausstellen, sobald Sie telefonieren.

Im Fahrzeug

Da Freisprechanlagen installierbar sind, gilt:

- Keine Smartphone-Benutzung am Steuer! Seit 2004 strafbar und die Nutzung ist sowieso höchst gefährlich!

- Anruf während der Autofahrt nur mit Freisprechanlage!
- Anrufen in tunnelreicher Strecke vermeiden, weil dort Verbindungsabbruch anzunehmen ist.
- Bei Anruf: Rückruf anbieten, nächsten Parkplatz ansteuern und von dort zurückzurufen.

Während eines Dialogs im Büro

Befinden Sie sich in einer Gesellschaft (Dialog, Besprechung, Meeting, Familienfeier, aber auch bei einem gemütlichen Zusammensein) reißt ein Klingeln des Telefons immer aus der gerade stattfinden Kommunikation.

Unterstellen wir im Folgenden, dass Sie gerne in der oben beschriebenen Gesellschaft zusammen sind, dann ist es mehr als unhöflich, nun auf das Klingeln zu reagieren. Offensichtlich sind die Menschen sehr neugierig, weshalb sie auf das Klingeln sofort reagieren.

Durch das störende Klingeln werden Sie in Ihrem Dialog ganz sicherlich unterbrochen. Der sogenannte ‚rote Faden' ist durchtrennt und muss später neu gesponnen werden. Feinsinnig und wohl überlegte Gesprächsgedanken sind somit hinfällig.

Das Klingeln des Telefons, egal von wem in einer Gesellschaft, stört immer – und muss deshalb vermieden werden. Und wie ist das anzugehen? Nun ganz einfach: Bevor Sie sich in eine Gesellschaft begeben, stellen Sie Ihr Handy ab.

Es gilt als ungehobelt

Smartphones in Meetings, in Restaurants und in öffentlichen Verkehrsmitteln überlaut klingeln zu lassen, gilt als nicht zeitgemäß.

Stattdessen mit Geräten arbeiten, die mit optischen Signalen arbeiten (blinken) oder aber vibrieren.

Sollten Sie einen für Sie dringenden Anruf erwarten (unter der Berücksichtigung, eine vor Ort stattfindende Kommunikation zu stören), weisen Sie im Voraus darauf hin, dass ein Anruf erwartet wird. Wenn sich der Anruf wirklich nicht vermeiden lässt, verlassen Sie den Raum.

Freunde beziehungsweise Geschäftspartner informieren, wenn ein Anruf <u>nicht</u> erwünscht ist. Sollte das Smartphone nicht abgeschaltet sein und Sie von einem Anruf überrascht werden, haben Sie immer noch die Möglichkeit das Gerät direkt auszuschalten. Wollen Sie aber auf den Anruf reagieren, verhalten Sie sich so:

Wenn es gar nicht anders geht

Das mobile Telefon klingelt:

- Das Thema nicht ausdiskutieren, auch nicht im Flüsterton. Es gibt keine Geheimnisse den Anwesenden gegenüber (ansonsten gehört das Telefongespräch schon gar nicht hierher)!
- Wenn ein Anruf in eine Gesellschaft platzt, um einen späteren Anruf bitten.
- Die Anwesenden um Entschuldigung bitten.
- Nach Gesprächsende die Anwesenden freudig erregt über den Gesprächsinhalt informieren. Nein!

Zur Erinnerung: Dort wo ein Telefon-Anruf wichtig ist, wirkt der Angerufene auf die Unbeteiligten leicht als Angeber. Manchmal soll mit dem Smartphone die ‚Unabkömmlichkeit' demonstriert werden.

Unnötige Smartphone-Benutzung:

Überlegen Sie mal, ob das so toll auf andere wirkt?

- (im Zug) ein Gespräch nach dem anderen lautstark führen (mit der Sekretärin, der Ehefrau, der Freundin, dem Kumpel …)

oder lieber doch

- aufstehen und in den Vorraum gehen,
- oder vertrauliche Gespräch später führen.

Tabu

Tabu ist die Benutzung von Smartphones in Kirchen, Schlössern, Gedenkstätten, Museen, Krankenhäusern und bei Beerdigungen.

In manchen Sitzungen beziehungsweise in Beratungen politischer oder juristischer Gruppen müssen die Teilnehmer beim Betreten des Raums ihr mobiles Telefongerät abgeben. Zu groß ist die Befürchtung, dass Unbefugte von außen etwas abhören können. Andererseits dringen Interna oder vertrauliche Aufzeichnungen immer wieder an die Öffentlichkeit (werden ‚durchgestochen'), bevor sie intern final besprochen wurden.

In manchen Konzerten muss der Handynutzer sein Gerät in einem Handy Safe deponieren. Nach der Veranstaltung wird das Gerät wieder ausgegeben.

Sucht

Tatsächlich bietet das mobile Telefon bekanntlich vielfältige Funktionen: die große Auswahl an Apps und Features, den 24-stündigen Zugriff auf Suchmaschinen, das Aufrufen weltweiter Webseiten, Kalender-, Uhr- und Rechenfunktionen und so weiter. Nicht zu vergessen die fantastischen Fotografier-Möglichkeiten mit exzellenter Farbgebung, die riesigen Speichermöglichkeiten, den Zugriff auf den eigenen Server und auf eigene Mails usw. usw.

Die Zukunft sich wohl an den ständig ans Telefon gebundenen Menschen gewöhnen müssen – oder hat sich bereits vielleicht daran gewöhnt.

Jüngst offenbarte eine Studierende dem Autor: „Wenn ich länger als eine Stunde auf mein ... [Handyname] verzichten muss, leide ich unter Entzugserscheinungen." Oh, oh ...

> **Übrigens:**
> Anrufe vermeiden, wo Verbindungsabbruch zu befürchten ist, etwa auf tunnelreicher Strecke.

Rauchen in der Gesellschaft

Eine Frau ist eine Frau, aber eine gute Zigarre, das ist noch ein bisschen mehr.
Zino Davidoff, ukrainisch-schweizerischer Unternehmer
(1906 - 1994)

Tabak und Rauchen – zwischen Sucht und Genuss

Raucher und Raucherinnen sollten wissen, dass Rauch andere stören kann. Trotzdem gibt es hin und wieder Raucher, die ihre Mitmenschen durch den Rauch belästigen.

Inzwischen ist das Rauchen in öffentlichen Gebäuden fast überall verboten, teilweise sogar generell in der Öffentlichkeit. Raucher und Raucherinnen holen sich empfindliche Strafen ein, wenn sie in öffentlichen Gebäuden oder auf Bahnsteigen rauchen. In sehr vielen Restaurants ist für die Raucher ein (meist kleiner) Raucherbereich gekennzeichnet. Oft sind diese ‚Raucherecken' abseits gelegenen. Oder sie befinden sich im unschönen Teil des Restaurants.

Rauchen während des Essens

Ob während des Essens geraucht werden darf, kann und muss sofort mit einem eindeutigen und entschiedenen NEIN beantwortet werden. Auch ein noch so starker Raucher hält sich grundsätzlich zurück.

Während des Essens, das heißt von dem Augenblick an, an dem sich die Gäste zur Tafel begeben bis zum Reichen von Mokka oder Kaffee, wird an der Tafel nicht geraucht. Deshalb stehen in der gepflegten Gastronomie auch keine Aschenbecher auf der Tafel. Sie werden frühestens vor dem Kaffee eingedeckt.

Während des Aperitifs in einem anderen Raum – zum Beispiel im Freien – darf gegebenenfalls geraucht werden; hier werden sicherlich auch Ascher aufgestellt.

Im kleinen, informellen Kreis kann schon mal von dieser strikten Regel abgewichen werden. Bitte dennoch überlegen, ob der Genuss des Tabaks den Genuss des geschmacklich und harmonisch abgestimmten Essens nicht beeinflusst. Es ist kaum vorstellbar, dass der feine Geschmack der ausgereiften Kochkunst noch voll und ganz wahrgenommen werden kann.

Auch im engen Bekanntenkreis wird sich der Raucher erkundigen, ob er rauchen darf. Weiß er, dass es den Gastgebern unangenehm sein könnte, wird er so viel Rücksicht aufbringen und auf das Rauchen auch in einem Raum verzichten, in dem der Gastgeber das Rauchen, entgegen seinem Wunsch, erlaubt hat.

Mittlerweile gibt es gesetzliche Regelungen zum Nichtraucherschutz.

Und nicht vergessen: Kippen gehören nicht auf die Erde, sondern in die dafür vorgesehenen Behältnisse!

Für Nichtraucher

Sind Sie Nichtraucher und stört Sie der Zigarettenrauch eines Rauchers nicht, ist es natürlich absolut in Ordnung, die Situation so zu akzeptieren wie sie ist.

Wenn Sie sich allerdings vom Zigarettenrauch belästigt fühlen, sollten Sie stark genug sein, in höflichem Ton darauf hinzuweisen.

Wenn mehrere Menschen zusammen sind, wird sich hoffentlich eine Einigung finden lassen. Diese Einigung kann sein, dass Raucher in geschlossenen Räumen auf das Rauchen verzichten und stattdessen auf den Balkon oder vors Haus gehen.

Küssen, Sexualität und Pubertät

Es gehört eine Menge Erfahrung dazu, wie eine Anfängerin zu küssen.
Zsa Zsa Gabor, US-Filmschauspielerin
(1917 - 2016)

Küss mich, bitte, bitte küss mich ...

Weltweit wird täglich unzählbar häufig geküsst. So stellten 5122 Paare einen neuen Kussrekord in Manila (Philippinen) auf. Die Paare haben sich zur Begrüßung am Valentinstag gleichzeitig zehn Sekunden lang geküsst und damit nach Angaben der Organisatoren einen neuen Weltrekord aufgestellt.
Quelle: Neue Vorarlberger Tageszeitung, 15.02.2004

www.N24.de berichtete am 15.02.2011: Am Valentinstag 2011 küssten sich in Thailand sieben Paare über 46 Stunden lang. Ohne Schlaf- oder Essenspause! Das Siegerpaar brachte es auf 46 Stunden, 24 Minuten und 9 Sekunden.

Zuvor gelang es 2009 einem deutschen Pärchen, über 32 Stunden lang durchzuhalten.

Laut www.BZ-Berlin.de vom 6.6.2009 küsste ein 32-jähriger Bayer 111 Frauen in nur 60 Sekunden.

Wann steht Ihr neuer Rekord an?

Küssen zur Begrüßung

Es ist nicht unsere Sache herauszufinden, wer wen wann und wo küssen darf. Das soll jeder für sich selbst entscheiden. Es wird unterschieden zwischen:

- Wangenkuss
- Begrüßungskuss
- Handkuss
- Lippenkuss
- Zungenkuss
- Karnevals-Bützje

Der Wangenkuss

Ein Wangenkuss kann ausgetauscht werden, wenn sich Menschen begrüßen. Der Wangenkuss kann auch in der Öffentlichkeit ausgetauscht werden.

Dabei wird so vorgegangen, dass die Begrüßenden die Köpfe aufeinander zubewegen. Dann berühren sie sich so, dass sich ihre rechten Wagen berühren. Falls ein zweiter oder dritter Wangenkuss folgt, wird dann jeweils abwechselnd die andere Wange gewählt.

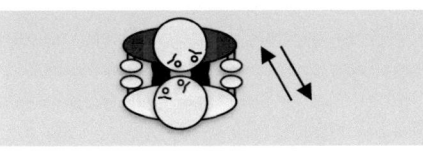 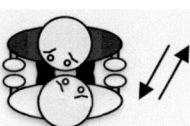

Der Begrüßungskuss

Beim Begrüßungskuss wird ähnlich vorgegangen wie beim Wangenkuss. Allerdings wird nicht Wange an Wange gelegt, sondern Sie berühren Ihr Gegenüber mit Ihren Lippen an der Wange. Der Kuss wird angedeutet oder ganz leicht ausgeführt. Jedenfalls wird der dicke ‚Schmatzer' vermieden.

Da nicht jeder diese Art von Begrüßung mag, ist hier beim ersten Mal vorsichtig vorzugehen. Wenn Sie spüren, dass Ihr Gegenüber diese in unserer Kultur doch bereits ziemlich intime Begrüßung nicht mag, akzeptieren Sie das selbstverständlich.

Der Handkuss

Lange Zeit galt der Handkuss als veraltet. Mittlerweile ist er aber wieder erlaubt. Der Handkuss wird ‚gepflegt'. Beim Handkuss sind folgende Regeln zu beachten:

- Die Hand wird in geschlossenen Räumen geküsst. Unter dem geschlossenen Raum wird verstanden:
  - ➢ Zimmer, Haus, Wohnung oder ähnliches.
  - ➢ Aufzug, U-Bahn, Parkhaus gelten nicht als geschlossene Räume.
- Der Handkuss wird vom Mann gegeben.
  - ➢ Dazu ergreift der Mann die rechte Hand der Frau.
  - ➢ Er hebt ihre Hand leicht an und beugt gleichzeitig seinen Kopf nach unten.
  - ➢ Nun ‚deutet' er den Handkuss an.
  - ➢ Das heißt, dass die Lippen die Hand der Frau gar nicht berühren.
- Der Handkuss wird nur <u>einer</u> ausgewählten Person gegeben.
  - ➢ Er gilt als eine besondere Form des Grußes. Daher ist es nicht richtig, mehreren Frauen unmittelbar nacheinander einen Handkuss zu geben.

Erlaubt ist der Handkuss auch auf dem Bahnhof/Flughafen usw., bei der Begrüßung beziehungsweise der Verabschiedung und in der Kirche, zum Beispiel bei der Trauung. Generell gilt in Deutschland, dass ein Handkuss etwas Besonderes ist. Deshalb wird er auch nur bei besonderen Anlässen gegeben.

Hinweis: Es gilt als unfein, wenn die Dame dem Herrn die Hand in Erwartung eines Handkusses entgegenstreckt.

Der Lippenkuss

Die Lippen der beiden Personen berühren sich unmittelbar. Diese Art der Begrüßung ist sehr guten Freunden, Freundinnen oder Familienmitgliedern vorbehalten. Auch hier ist es nicht unbedingt Ziel, einen dicken und feuchten ‚Schmatzer' loszuwerden.

Der Zungenkuss

Um den Zungenkuss zu den Begrüßungsküssen zu zählen, sollten Sie schon sehr tolerant sein. Der Zungenkuss ist reserviert für zwei sich Liebende. An sich und ursprünglich hat er in der Öffentlichkeit nichts verloren.

Wenn sich zwei Liebende über lange Zeit nicht gesehen haben, kann großzügig darüber hinweggesehen werden, wenn sie sich mit einem Zungenkuss zum Beispiel auf dem Bahnsteig begrüßen. Ansonsten gehört dieser Kuss in den privaten Bereich.

Das Bützen im Karneval

In Köln und Umgebung wird einem kleinen Küsschen während der Karnevalszeit der Name Bützje gegeben. Er entspricht etwa dem oben genannten Begrüßungskuss.

Das heißt, dass eine Person mit den Lippen die Wangen, selten auch die Lippen des Gegenübers berührt. Allerdings hat das mit Begrüßung nichts mehr zu tun, da in den ‚tollen' Tagen zwischen Weiberfastnacht (das ist der Donnerstag vor Rosenmontag) und Aschermittwoch (das ist der Mittwoch nach Rosenmontag), die beiden Tage jeweils mitgerechnet, gebützt werden darf. Und zwar jeder jeden.

Zumindest theoretisch. Obwohl das Bützen als Ritual und als Zeichen der Freude angesehen werden darf, ist es nicht korrekt, einem anderen – gar Fremden – diese Geste aufzudrängen. Möglicherweise noch mit der Erklärung, dass in den närrischen Tagen alles erlaubt sei.

Obwohl in den Karnevals- und Fastnachtshochburgen gang und gäbe, kommen sich manche Frauen wie Freiwild vor. Und mögen eben nicht gebützt werden.

Auch manch Zugereister oder zufällig anwesender Geschäftsreisender mag sich mit diesem Brauch nicht konfrontiert sehen. Unter Mitarbeitern untereinander ‚fürchten' einige regelrecht, von ‚Herrn Meier' gebützt zu werden.

Also: Zurückhaltung und Rücksichtnahme ist geboten. Dort, wo es gewünscht ist, gerne. An anderer Stelle: nein!

Sexualität

Laut Bundesamt für Statistik haben die meisten Jugendlichen im Alter von 18 Jahren bereits sexuelle Erfahrung.

Erster Sex

Bei der Frage an 11- bis 17-Jährige: „Hattest du schon einmal Sex?" bejahten Jugendliche mit „ja" wie folgt.

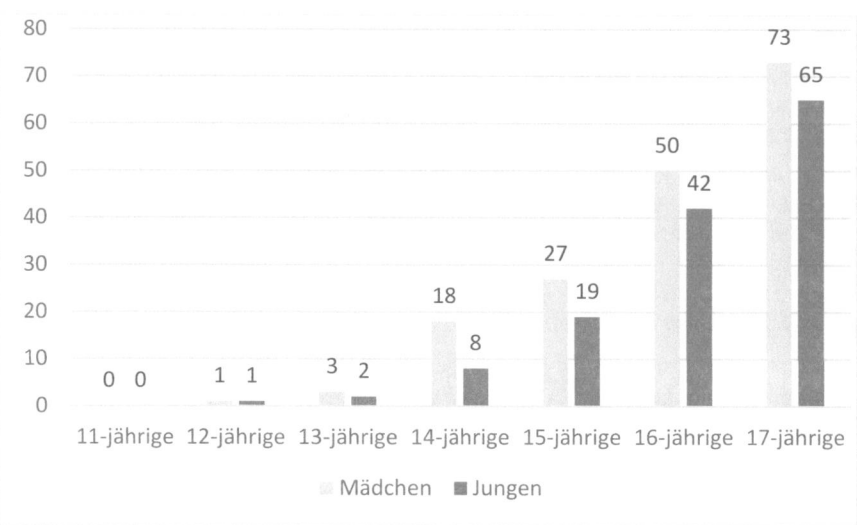

(Quelle: Statista 2018, Prozentangaben sind Ca.-Angaben)

Jeder soll selbst entscheiden ob, wo und wann Sexualität ,ins Spiel' kommt. Jeder soll für sich selbst frei entscheiden können, wie er sich sexuell entfalten möchte. Eine gegenseitige Achtung bei diesem Thema hilft sicher, sich befreit und unverkrampft entwickeln zu können.

Niemand soll sich unter Druck setzen oder unter Druck setzen lassen. Jeder soll auch für sich alleine entscheiden können, wann und wie er sexuelle Erfahrungen sammeln möchte.

Safer Sex

Ein kurzes Wort zum Thema Safer Sex. Es ist in der heutigen Zeit überhaupt kein Problem mehr, sich aufzuklären. Es ist im Allgemeinen auch überhaupt kein Problem, sich sexuell zu schützen: Kondome benutzen!

Übrigens:

Angeblich soll etwa jeder Dritte im südlichen Afrika mit HIV/Aids infiziert sein, in Swasiland sogar 38 Prozent!

Es ist nachvollziehbar, dass sich manch einer bei diesen Themen gehemmt fühlt. Offenes Fragen bringt den besten Erfolg. Im Anhang dieses Buches sind verschiedene Einrichtungen aufgelistet, die bei Fragen aller Art gerne helfen.

Nein heißt Nein!

Manchmal kann Flirten ein wunderbares Gefühl erzeugen – manchmal ‚baggert‘ Sie jemand an; und das wollen Sie nicht. Wollen Sie auf die Annäherungsversuche nicht einsteigen, lassen Sie keine Missverständnisse entstehen. Signalisieren Sie sofort und sehr deutlich Ihr Desinteresse, beispielsweise durch ein körperliches Abdrehen und durch Vermeidung des Blickkontakts.

Akzeptiert oder erkennt die andere Person Ihr Desinteresse nicht, äußern Sie deutlich und mit kräftiger Stimme „Nein!". Blicken Sie Ihrem Gegenüber dabei direkt und standhaft in die Augen, ohne zu lächeln.

K.o.-Tropfen

Bedauerlicherweise muss auf diese gemeine Vorgehensweise hingewiesen werden. Sie schauen kurz in eine andere Richtung, schon nutzt jemand Ihre Unaufmerksamkeit aus. Schnell sind ein paar Tropfen in Ihr Getränk gegeben. Das kann sehr böse Folgen haben.

Also: Das Getränk nicht unkontrolliert stehenlassen, um dem potentiellen Täter gar keine Möglichkeit zu bieten.

Die Pubertät

- Nichts Halbes, nichts Ganzes?
- Noch Kind oder schon Erwachsener?
- Nicht für ernst genommen?
- Niemand versteht wirklich, was mich bewegt?
- Nur Sorgen und Probleme mit dem Heute und Morgen?
- Nur ich habe Hemmungen?

Viele Fragen, die so einfach gar nicht beantwortet werden können.

Eines ist allerdings ziemlich sicher: Jeder Jugendliche durchlebt die Pubertät. Manche nehmen sie ganz locker, andere haben schwer zu kämpfen.

Immer wieder gibt es in dieser Zeit Streitigkeiten mit den Eltern. Die Jugendlichen lehnen sich auf und versuchen, ihre eigene Identität (Wesenseinheit) zu finden. Viele Jugendliche versuchen sich in Gruppen zu profilieren (auszuprägen).

Auf Erwachsene wirken Jugendliche dann oft patzig, herausfordernd, frech oder gar unverschämt.

Andere Jugendliche ziehen sich total zurück. Sie wirken gehemmt, meiden Blickkontakt oder überhaupt Kontakt. Philosophische (nachdenkend machende) Fragen nach dem Sinn des Lebens bewegen den Heranwachsenden.

Fragen nach Lebenszielen, Zeit, Lebensinhalten und nach Lebensplanung erzeugen tiefgreifende Überlegungen.

Unser Tipp:

Habe Vertrauen und gehe mit deinen Fragen auf andere zu. Und anders herum: Wenn jemand mit einer Frage auf dich zukommt, lache ihn nicht aus. Versuche dein Gegenüber zu verstehen und rede mit ihm.

„Wer ist deine Vertrauensperson beim Thema Liebe und Sexualität?" (Mehrfachnennungen möglich. Auszug)

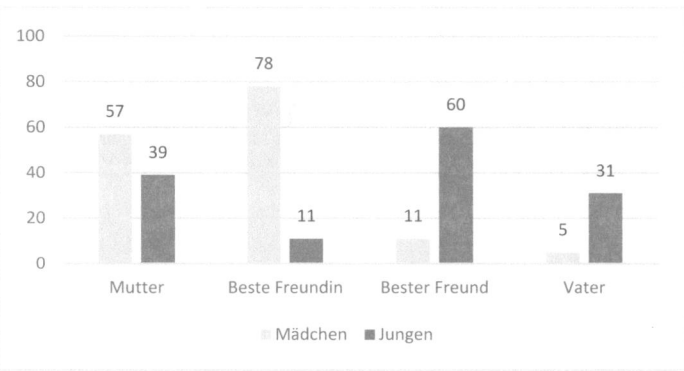

(Quelle: Statista 2018, Bauer Media Group)

Zukunft

So manches steht in den Sternen. Was bringt die Zukunft? Was sind die Hauptprobleme Jugendlicher? „Wie besorgt bist du, wenn du jetzt an den Zustand der Welt in 20 Jahren denkst?"

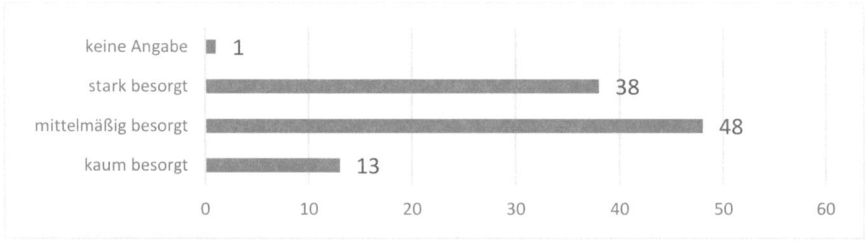

(Quelle: Statista 2018)

Nicht nur Jugendliche haben eine Menge Gründe, mit Angst und Sorge in die Zukunft zu blicken. Haben Sie sich schon einmal Gedanken über die Zukunft gemacht? Ganz besonders über die eigene Zukunft? Die Zukunft hat eine wunderbare Eigenschaft: Sie kommt auf jeden Fall!

Wie können Sie sich Ihre Zukunft zumindest zum Teil selbst gestalten?

Ein Hilfsmittel dazu ist die realistische Zielsetzung. Sie können sich vorstellen, dass durch ein harmonischeres Zusammensein die persönliche Zukunft positiver gestaltet werden kann. Unser Vorschlag: Ziele setzen, Pläne schmieden, positiv denken. Viel Erfolg!

Das Eigentum anderer

Als Kleinkind lernt der Mensch den Unterschied zwischen ‚dein‘ und ‚mein‘. Als Jugendlicher bedarf es keiner Erklärung dieser beiden Wörter. Aber immer wieder scheint es hier Verwechslungen zu geben.

Diebstahl

- Im Vorbeigehen ‚mal eben‘ einen Apfel mopsen.
- Ein Päckchen Kaugummi im Supermarkt stibitzen.
- Ein paar Sportschuhe mitgehen lassen.
- Eine Lederjacke ‚organisieren‘.

Das alles sind keine Kavaliersdelikte! Der Wirtschaft entstehen im Jahr Millionen Euro Umsatzeinbußen aufgrund von Diebstahl! Folge: mehr Kontrolle oder Kontrollgeräte und natürlich höhere Verkaufspreise.

Mancher (natürlich nicht nur Jugendliche) scheint sich offensichtlich einen Sport daraus zu machen, in Kaufhäusern, Supermärkten, Boutiquen kostenlos ‚einzukaufen‘. Mancher Diebstahl wird sogar als Mutprobe durchgeführt.

Aufgeklärte und selbstbewusste Menschen haben das nicht nötig! Würden Sie es gerne sehen, wenn Ihre KollegInnen Ihre Arbeitsutensilien, Ihre Kleidung oder andere Dinge, die Ihnen gehören, ‚stibitzten‘? Müssen Sie neidisch auf das Eigentum anderer sein?

Unsere Meinung zu diesem Punkt ist eindeutig: kein Diebstahl! Achten Sie das Eigentum anderer. Ausleihen, nachdem Sie nachgefragt haben, ist okay. Aber wegnehmen – nein!

Vandalismus und Sachbeschädigung

Vandalismus (Zerstörungswut) ist ein weiterer Punkt. Aufschneiden von Sitzbänken in Straßenbahnen, Umknicken von Straßenschildern, mutwilliges Zerkratzen an Fahrzeugen und öffentlichen Einrichtungen. Hier hört der Spaß absolut auf! Das ist schlimmer als Sachbeschädigung. Und die ist schon schlimm. (Zum Beispiel Schmierereien an Gartenzäunen oder auf Arbeitstischen.) Das alles hat mit korrekten Umgangsformen nicht mehr das Geringste zu tun! Abgesehen davon ist es auch nicht schön, in verschmutzten Räumen zu arbeiten oder auf verdreckten Straßen zu laufen.

Obwohl immer wieder behauptet wird, dass das Kauen von Kaugummi die Intelligenz fördere, ist es nicht appetitlich, mit einem Kaugummi kauenden Menschen zu reden. Aber das ist eine andere Sache. Nur, wohin mit dem gekauten Kaugummi? Unter den Schultisch? Auf den Boden? In den Geldschlitz eines Automaten? Hier fängt die Sachbeschädigung nämlich bereits an. Lösung: In die Kaugummi-Packung und dann in den Abfalleimer.

Jeder kann als Individuum dazu beitragen, die Umwelt ein klein wenig sauberer zu halten. Sie können mit Ihren Freunden beziehungsweise Freundinnen dazu beitragen, dass es etwas weniger Beschädigungen auf dieser Welt gibt. Vielen Dank.

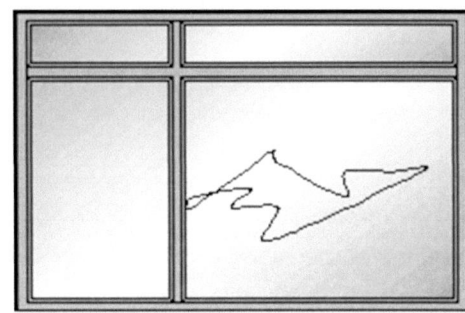

Laut Statistischem Bundesamt wurden in Deutschland im Berichtsjahr 1996 insgesamt 41.000 Jugendliche zwischen 14 und 18 Jahren wegen Straftaten rechtskräftig verurteilt! Knapp jeder zweite verurteilte Jugendliche (46 %) wurde wegen eines Diebstahlsdeliktes verurteilt. Das sind schon beeindruckende Zahlen.

Im Jahre 2001 begingen Jugendliche zwischen 14 und 18 Jahre laut polizeilicher Kriminalstatistik 298.893 Straftaten, darunter

- Körperverletzungen
- Drogenmissbrauch
- Schwerer Diebstahl
- Ladendiebstahl (knapp die Hälfte)
- Raub.

(Quelle: Süddeutsche Zeitung, 3.5.2002)

Das Bundeskriminalamt hat für das Jahr 2012 insgesamt 200.257 Tatverdächtige erfasst. Zum Vergleich noch folgende Zahlen:

Die letzte Statistik zeigt polizeilich erfasste Fälle einzelner Straftaten – nicht nur bei Jugendlichen – im Jahr 2017 in Deutschland. Insgesamt handelt es sich um 5.761.984 Fälle – in nur einem Jahr.

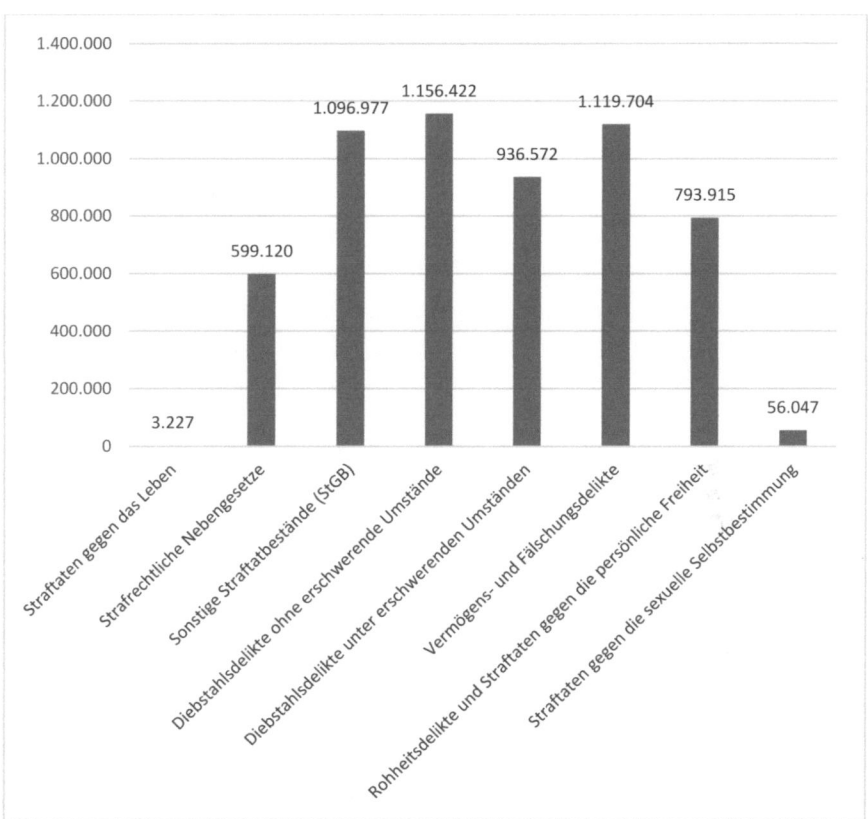

(Quelle: Statista 2018) Obwohl es in der statistischen Darstellung kaum auffällt, gab es im Jahr 2017 bei ‚Straftaten gegen das Leben' immerhin 3.227 polizeilich erfasste Fälle. Das sind 3.227 Fälle zu viel!

Einbruch

Nur der Vollständigkeit halber sei erwähnt, dass Einbruch natürlich ebenso in-diskutabel (nicht der Erörterung wert) ist.

Teil 7

Verhalten als Gast

Zu Hause und im Restaurant

Ich bin ein Gast auf Erden.
Altes Testament, Psalm 119, 19

Verhalten zu Hause

- „Bei uns geht die Post ab!"
- „Wir lassen die Sau raus!"
- „Ramba Zamba bis in den frühen Morgen!"

Es ist schön, wenn Menschen miteinander feiern. Egal ob zu zweit oder mit vielen anderen.

Es ist schön, wenn Menschen miteinander lachen. Im Leben sollen wir möglichst viele Situationen nutzen, in denen wir uns freuen können.

Es ist schön, wenn Menschen glücklich und harmonisch eine gewisse Zeit zusammen verbringen.

Die lieben Gäste

Sobald Menschen zu einem geselligen Beisammensein zusammenkommen, lässt es sich wohl nicht vermeiden, dass der Lärmpegel steigt. Jeder ist guter Laune. Jeder hat dem anderen etwas zu sagen. Einige sprechen gleichzeitig. Musik läuft im Hintergrund. Die Anwesenden müssen zwangsläufig etwas lauter reden, um sich dem anderen mitteilen zu können. Allerdings sind sie nicht alleine und die anderen versuchen sich verbal zu überstimmen. Es wird deutlich lauter als geplant.

Die lieben Nachbarn

Und schon ist es passiert:

- Die Nachbarn klopfen an die Wand, weil ihnen die Musik zu laut ist.
- Andere Nachbarn beschweren sich, weil Grillgeruch aus dem Garten in die Wohnung dringt.
- Die ältere Dame aus dem dritten Stock hält schon um 20:00 Uhr abends vor, dass sie nicht schlafen könne.

Natürlich sind Sie im ersten Moment sauer. Gerade wenn es besonders schön ist, muss jemand meckern. Sie stellen die Musik etwas leiser und nehmen sich vor, etwas weniger laut zu reden.

Aber schon 10 Minuten später ist die Situation so, wie sie vorher war. Und es kommt wie es kommen musste. Nach einer halben Stunde steht eine Polizeistreife an der Wohnungstür. Sie verstehen die Welt nicht mehr. Wegen so einer Lappalie (lächerliche Kleinigkeit) die Polizei rufen?

Na warte! Unsere Nachbarn werden Ihnen ja wieder mal über den Weg laufen. Aber dann …!

Der nächste Konflikt scheint vorgeplant zu sein. Muss das sein? Hunderte deutsche Gerichte werden mit Nachbarschaftskonflikten dieser Art jahrein jahraus belästigt. Lassen Sie es nicht so weit kommen.

Was können Sie tun?

Zuerst überlegen Sie, wen Sie einladen wollen. Ist Ihr Wohnzimmer für die Party der beste Platz? Hat ein Kumpel nicht einen Partykeller, den er zur Verfügung stellen kann? Oder können Sie sich gegen eine geringe Gebühr einen Raum im Gemeindezentrum mieten?

Wenn Sie sich für zu Hause entscheiden, überlegen Sie genau, wann (und bis wann) Sie Ihr Fest feiern wollen. Überschneidet sich das Fest mit Ruhezeiten? Lässt sich das Fest auf andere Tage oder eine günstigere Zeit legen?

Wenn Sie ganz geschickt sind, laden Sie die Nachbarn einfach mit ein. Dann können diese ja keinen Krach wahrnehmen, da sie Ihrer Feier beiwohnen. Und dann werden sie sehr wahrscheinlich auch mitlachen und die etwas lautere Musik mögen.

Wenn Sie Ihre Nachbarn nicht einladen wollen, gibt es einen weiteren Weg, mögliche Konfliktsituationen im Vorfeld zu klären beziehungsweise erst gar nicht entstehen zu lassen. Sie informieren die Nachbarn rechtzeitig über Ihre Feier. In einem freundlichen Schreiben (vielleicht ein Rundschreiben oder ein Aushang im Treppenhaus) informieren Sie die anderen Mieter, dass Sie an einem bestimmten Tag von x bis y Uhr ein Fest feiern möchten. Gleichzeitig bitten Sie um Verständnis, wenn es etwas lauter werden sollte als üblich.

Verständnisvolle Nachbarn werden auf diese Weise bereits zufriedengestellt sein. Andere werden vielleicht an diesem Tag ausgehen und damit den Lärm der Feier überhaupt nicht wahrnehmen.

Und schon sind wieder einige mögliche Konflikte im Keim erstickt. Durch entsprechende Vorplanung und Information kann mit ruhigem Gewissen gefeiert werden. Und die Nachbarn werden nicht böse sein.

Die lieben Eltern

Und falls Sie zu Hause bei Ihren Eltern wohnen? Nicht nur die Nachbarn können sich über Sie aufregen. Vergessen Sie mal Ihre Eltern nicht. Die sind ja schließlich auch noch da.

Oder vielleicht nicht. Wenn Ihre Eltern den Eindruck haben sollten, dass eine Feier gut geplant ist, kann es sogar sein, dass sie selbst ausgehen werden. Sturmfreie Bude für Sie! (Aber nicht negativ ausnutzen! Sonst sitzen Ihnen Ihre Eltern beim nächsten Mal bestimmt auf der ‚Pelle'.)

Wollen wir die Befürchtungen der Eltern nicht unterbewerten. Es ist ganz klar: die Eltern sehen natürlich immer das Schlimmste!

- Das Haus abgebrannt!
- Der Rotwein quer über den hellen Teppich ausgeschüttet!
- Die Küche abgefackelt!
- Die Gäste stockbetrunken in jeder Ecke liegend!
- Kiloweise Drogenkonsum!
- Die Toilette vollge ... (es hat sich wohl jemand übergeben?).
- Das Schlafzimmer der Eltern benutzt!
- Die sündhaft teuren Gläser zerdeppert!
- Der teure Whisky ist getrunken!

Die Befürchtungen der Eltern scheinen ja angebracht zu sein, wenn Sie sich überlegen, welche Monster Jugendliche sein können.

Zeigen Sie Ihren Eltern, dass Sie Verantwortung übernehmen können. Sorgen Sie einfach vor. Vor allem stellen Sie im Vorfeld alle zerbrechlichen Dinge beiseite. Vermeiden Sie wackelige Aufbauten. Die Kerzen standfest aufstellen. Ziehen Sie Gläser mit festem Boden vor, die kostbaren Kristall-Stilgläser lassen Sie dort, wo sie sind. Die eine oder andere Küchentuchrolle steht in greifbarer Nähe. Bestimmte Bereiche in der Wohnung (Zimmer oder Möbelstücke) sind für Sie und Ihre Gäste tabu. Sie haben keine Angst davor, Ihre Gäste auf diesen Punkt aufmerksam zu machen.

Es wird Ihnen auch kein Zacken aus der Krone brechen, wenn Sie Ihre Gäste bitten, etwas vorsichtig mit dem Eigentum der ‚ach so peniblen' (korrekten) Eltern umzugehen.

Dann steht einer harmonischen Feier nichts mehr im Wege.

Noch ein Tipp: Damit sich die Eltern nicht sorgen müssen, mit welch schlimmen Menschen Sie sich treffen, teilen Sie ihnen im Vorfeld mit, wen Sie erwarten. Das hat sicherlich nichts mit nachschnüffeln zu tun. Aber versetzen Sie sich doch einmal in die Lage Ihrer Eltern: Ist es Ihnen angenehm, wenn Ihre Eltern irgendwelche Ihnen unbekannte Personen in Ihr Zimmer schleppen?

Verhalten im Restaurant

Auf den nächsten Seiten wird davon ausgegangen, sich in einem Restaurant der gehobenen Klasse zu bewegen.

Es ist kein Geheimnis mehr, dass Personalchefs sehr wohl darauf achten, ob zukünftige Mitarbeiter sich den Umgangsformen entsprechend bei Tisch verhalten können. Auch manche Personalchefs laden Kandidaten ins Restaurant ein.

Das Gedeck

Das Gedeck, in der Fachsprache das Couvert, besteht aus all dem, was der Gast benötigt, um die Speise zu sich zu nehmen. Dazu gehören Bestecke, Geschirrteile, Gläser, Mundserviette und Dekorations-Gegenstände.

Das Benutzen der Bestecke und Gläser

Die Bestecke werden von außen nach innen benutzt und dann von oben nach unten – immer in Richtung auf die Gedeckmitte.

Gläser stehen rechts im Gedeck. Messer und Löffel liegen rechts im Gedeck. Die Dessertbestecke finden Sie oberhalb des Platztellers und das Brotmesser liegt links auf dem Brotteller. Die Gabeln liegen links im Gedeck, Dessertgabeln oberhalb des Platztellers.

Die Serviette

Die kunstvoll geformte – in der Fachsprache gebrochene Serviette – wertet jeden gedeckten Tisch, jede festliche Tafel und jedes Buffet um ein Vielfaches auf.

Nachdem der Gast seinen Platz eingenommen hat, nimmt er die Serviette auf und breitet sie auf seinem Schoß aus. Sie schützt dort in erster Linie die Kleidung vor Tropfen und Spritzern.

Damit ist schon geklärt, dass die Serviette nicht vor die Krawatte, hinter den Hemdenknopf oder gar in den Blusenausschnitt gesteckt wird.

Falsch ist auch, die Serviette während des Essens unberührt im Gedeck stehen zu lassen oder hinter dem Gedeck zu platzieren.

Nach dem Essen, bei einem Menü vor dem Kaffeeservice, legt der Gast die Serviette leicht zusammengefaltet vor sich auf den Tisch. Eine Spitze sollte nach rechts zeigen, damit das Personal die Servietten leichter wegnehmen kann.

Eine Unart: Manche Gäste legen nach dem Essen die Serviette leicht zerknüllt <u>auf</u> den Teller. In einem Restaurant gehört die Serviette nach dem Essen <u>neben</u> den Teller.

Unterhaltung während des Essens

Unterhaltung während des Essens ist natürlich grundsätzlich erlaubt. Oft kommen Menschen gerade deshalb zusammen, um miteinander reden zu können.

Manchmal allerdings versucht jeder mit jedem gleichzeitig zu reden. Dann kommt es zu einem Gebrüll quer über die Tafel. Das entspricht nicht unbedingt gängigen Umgangsformen.

Geredet wird in ruhigem Ton. Es wird nicht geheimnisvoll ins Ohr geflüstert. Es wird aber auch nicht geschrien, damit alle anderen Gäste an der Unterhaltung teilnehmen müssen.

Es versteht sich von selbst, dass erst der Mund leer gegessen wird, bevor das Wort ergriffen wird. Die Besteckteile werden nicht zur Bekräftigung der Aussagen herangezogen. Die Hände bleiben während des Sprechens an der Tafel ruhig.

Sollte um Sie herum jedes Gespräch plötzlich verstummen, kann es sein, dass alle nur darauf warten, bis Sie Ihren Satz zu Ende gesprochen haben, um einer beginnenden Tischrede zuhören zu können.

Guten Appetit

Erst wenn der Gastgeber festgestellt hat, dass alle Gäste bedient sind, beginnen alle zu essen. Ansonsten wird gewartet, auch wenn das Essen noch so verlockend duftet.

In einem Restaurant geschieht es leider ziemlich oft, dass die eine oder andere Speise bereits längst serviert ist, während die anderen Speisen lange auf sich warten lassen. Es handelt sich hierbei zwar um einen mittelmäßigen Service, nur wäre es doch schade, das Essen kalt werden zu lassen. Deshalb darf hier nach Aufforderung mit dem Essen begonnen werden. Also: Die, die noch nichts zu essen haben bitten jene, denen bereits das Essen serviert wurde, mit dem Essen zu beginnen. „Bitte beginnen Sie schon zu essen." Der Aufforderung wird dann nachgekommen.

Die Bestecksprache

Und so wird das Besteck abgelegt:

	Ich bin mit dem Essen noch nicht fertig. Ich bin dabei, etwas zu trinken. Ich lege eine Pause ein. Bitte nicht abräumen. (Die Besteckgriffe berühren das Tischtuch. Die Zinken der Gabel zeigen nach unten.)
	Ich bin noch nicht fertig. Ich sähe es gerne, wenn mir noch etwas nachgereicht würde. Ich habe noch Hunger. Bitte nicht abräumen. (Besteckteile liegen über Kreuz auf dem Teller. Die Zinken der Gabel zeigen nach oben.)
	Ich bin mit dem Essen fertig. Ich möchte nichts mehr haben. Bitte abräumen. (Die Bestecke liegen parallel zuei-nander, das Messer rechts, mit der Schneide nach links, die Gabel links, mit den Zinken nach oben.)

Der Probeschluck beim Wein

Dem Gastgeber wird ein kleiner Probeschluck eingeschenkt. Er prüft den Wein

- erstens auf die Farbe
- zweitens auf den Geruch
- drittens auf den Geschmack
- und viertens auf die Temperatur

Er tut dies, indem er das Glas etwas anhebt und gegen das Licht, auch gegen das Kerzenlicht, hält.

Sodann lässt er den Wein leicht drehen, indem er das Glas vorsichtig schwenkt. Er kann erkennen, ob der Wein langsam oder schnell an der Innenwand des Glases zurückläuft.

Indem er leicht am Glasrand riecht, kann der Gastgeber den Geruch des Weines prüfen. Schließlich wird er einen Schluck zu sich nehmen und kurz in der Mundhöhle lassen, wo er mit seinem Geschmackssinn den Wein prüft. Er will feststellen, ob der Wein ‚Korken' hat, ob er nach Korken schmeckt und damit ungenießbar ist.

In diesem Fall wird das Glas zurückgegeben und der Vorgang wird mit einer neuen Flasche Wein wiederholt. Auch prüft er die Temperatur, solange der Wein noch in der Mundhöhle ist.

Das Trinken

Die rechte Hand führt das Glas zum Mund – also nicht den Kopf zum Glas hinbewegen. Ergreifen Sie das Glas am oberen Ende des Stiels, nicht am Kelch. Bei einem Becherglas – das ist ein Glas ohne Stiel (zum Beispiel ein Wasserglas oder ein Limonadenglas) – fassen Sie das Glas am unteren Drittel.

Die Reklamation

Trotz aller Planung und Organisation, Vorauswahl und Überlegungen kann es vorkommen, dass es etwas zu beanstanden gibt. Dem Gastgeber steht das Recht (und die moralische Pflicht) zur Reklamation zu.

Es wird umgehend reklamiert, um dem Betrieb die Möglichkeit zu geben, den Anlass der Reklamation zu beheben. Der Gastgeber trägt Sorge um das Wohl seiner Gäste und ist deshalb dazu verpflichtet, etwaige Beanstandungen aus dem Weg zu räumen.

Falls Sie einmal in die Situation kommen sollten, reklamieren zu müssen, verhalten Sie sich am besten wie folgt:

- Ruhig bleiben.
- Den Angestellten zu sich bitten.

- Mit ruhiger Stimme den Grund der Reklamation vorbringen.
- Den Angestellten ausreden lassen.

In den meisten Fällen wird der Gastronom versuchen, den Gast so zufrieden zu stellen, dass er wiederkommt. Es bringt dem Betrieb nur Nachteile, wenn er den Gast missmutig ‚abziehen‘ lässt. In dem Wort Reklamation steckt das Wort ‚Reklame‘. Ein zufrieden gestellter Gast wird sicherlich positive ‚Reklame‘ für den Betrieb machen.

Bezahlung und Trinkgeld

Sie bitten um die Rechnung. Nachdem Sie die Rechnung geprüft und für richtig befunden haben, legen Sie den Rechnungsbetrag in der gefalteten Rechnung auf das Tablett, den Teller oder in die Rechnungsmappe zurück.

Es bleibt Ihnen überlassen, Trinkgeld zu geben. Das Trinkgeld soll dem Personal zeigen, dass Sie mit der erbrachten Leistung zufrieden waren. Dazu zählt die Qualität des Essens, der zuvorkommende Service, aber auch die Freundlichkeit des Personals. Wer also mit etwas nicht zufrieden war, sollte sich überlegen, ob er überhaupt Trinkgeld geben möchte.

Andererseits wird Trinkgeld gerade dann erwartet, wenn nach Überzeugung des Personals der Service gut und die Wünsche des Gastes besonders schwierig umzusetzen waren. Als Faustregel gilt etwa 10 % der Rechnungssumme als Trinkgeld. Je niedriger die Rechnungssumme, desto – prozentual – höher das Trinkgeld. Über richtig gewährtes Trinkgeld freuen sich Personal und Gast.

Fettnäpfchen vermeiden

Liebe Leserin, lieber Leser, Sie sollten nun gewappnet sein für alle möglichen Situationen rund um das Thema ‚Fettnäpfchen vermeiden‘.

Natürlich ist es kaum möglich, alle gängigen Regeln der weltweiten Umgangsformen zu kennen, geschweige denn zu beherrschen. Unter anderem deswegen, weil Regeln nicht zwangsläufig festgemeißelt sind, sondern sich aufgrund der Gegebenheiten der Gesellschaft anpassen.

Verhaltensmuster, die zu Zeiten Ihrer Großeltern üblich waren, müssen es heute nicht mehr unbedingt sein.

Wenn Sie gar nicht mehr weiterwissen – fragen Sie einfach nach. Die vermeintliche Schwäche des Nichtwissens wird zur Stärke, da Sie sich zu einer Unsicherheit bekennen.

Guten Erfolg im Leben.

Teil 8

Wer weiß was?

Nützliche Adressen

Wer kann informieren?

Das Bundesministerium für Familie, Senioren, Frauen und Jugend empfiehlt folgende nützliche Adressen und Links zu Institutionen, die sich mit der Jugend befassen.

Bei Fragen bitte direkt wenden an:

Deutsches Jugendinstitut e.V. (DJI)
Nockherstraße 2
81541 München
www.dji.de

Deutscher Bundesjugendring (DBJR)
Haager Weg 44
53127 Bonn
E-Mail: info@dbjr.de

Bundesprüfstelle für jugendgefährdende Schriften und Medien
Rochusstraße 10
53123 Bonn
E-Mail: info@bpjm.bund.de

Bundesvereinigung Kulturelle Kinder- und Jugendbildung e.V. (BKJ)
Küppelstein 34
42857 Remscheid
E-Mail: info@bkj.de

Deutsches Jugendherbergswerk (DJH)
Bad Meinberger Str. 1
32760 Detmold
E-Mail: E-Mail@djh.de

Stiftung Deutsche Jugendmarke e.V.
Maximilianstraße 28 D
53111 Bonn
www.jugendmarke.de

Deutsch-Polnisches Jugendwerk (DPJW)
Friedhofsgasse 2
14405 Potsdam
www.dpjw.org

Freie und Hansestadt Hamburg
Behörde für Schule, Jugend und Berufsbildung
Amt für Jugend
Hamburger Straße 37
22083 Hamburg

Deutscher Städtetag
Lindenallee 13-17
50986 Köln
E-Mail: staedtetag@staedtetag.de

Die Kinderschutzzentren Bundesgeschäftsstelle Köln
Bonner Str. 145
50968 Köln
E-Mail: die@kinderschutz-zentren.org

Deutscher Kinderschutzbund Köln e.V.
Bonner Str. 151
50968 Köln
E-Mail: info@kinderbund-koeln.de

Arbeitsgemeinschaft für Jugendhilfe (AGJ)
Mühlendamm 3
10178 Berlin
E-Mail: agj@agj.de

Fachstelle für Internationale Jugendarbeit der Bundesrepublik Deutschland e.V. (IJAB)
Godesbergerallee 142-148
53175 Bonn
E-Mail: info@ijab.de

Deutscher Landkreistag (DLT)
Ulrich-von-Hassell-Haus Lennéstraße 11
10785 Berlin
E-Mail: Presse@Landkreistag.de

Messe Berlin GmbH Jugendmesse „You"
Messedamm 22
14055 Berlin
www.you.de

Deutscher Städte- und Gemeindebund (DStGB)
Marienstraße 6
12207 Berlin
E-Mail: dstgb@dstgb.com

Förderverein für Jugend- und Sozialarbeit
Marchlewkistraße 27
10243 Berlin
E-Mail: info@fis-ec.de

Bund Jugendfarmen und Aktivspielplätze e.V.
Haldenwies 14
70567 Stuttgart-Möhringen
E-Mail: bdja@bdja.org

Shell Jugendstudie: Jugend 2006
Shell Deutschland Oil GmbH
Suhrenkamp 71-77
22335 Hamburg
E-Mail: shellpresse@shell.com

Senator für Frauen, Gesundheit, Jugend, Soziales und Umweltschutz der Freien Hansestadt Bremen
Hansatenhof 5
28195 Bremen

Jugendforschungsserver
Julius-Maximilians-Universität Am Hubland
97074 Würzburg
www.jugendinfo.de

Bayerisches Staatsministerium für Unterricht, Kultus, Wissenschaft und Kunst
Salvatorplatz 2
80333 München
E-Mail: pressekm@stmuk.bayern.de

Bayerisches Staatsministerium für Arbeit und Sozialordnung, Familie, Frauen und Gesundheit
Winzererstraße 9
80797 München
E-Mail: Poststelle@stmas.bayern.de

Sozialministerium Baden-Württemberg
Schellingstraße 15
70174 Stuttgart
E-Mail: Poststelle@sm.bwl.de

Deutscher Kinderschutzbund Bundesverband e.V. (DKSB)
Domagkweg 20
42109 Wuppertal
E-Mail: info@dksb.de

Arbeitskreis für Jugendliteratur e.V.
Metzstraße 14 c
81667 München

E-Mail: info@jugenliteratur.org

Schulministerium des Landes NRW
Völklinger Straße 49
40221 Düsseldorf
E-Mail: Poststelle@msw.nrw.de

Senatsverwaltung für Schule, Jugend und Sport
Beuthstraße 6-8
10117 Berlin

Bundesvereinigung Kulturelle Kinder- und Jugendbildung e.V. (BKJ)
Küppelstein 34
42857 Remscheid
E-Mail: info@bkj.de

Stichwortverzeichnis

Stichwortverzeichnis

Knigge als Synonym und als Namensgeber

Umgang mit Menschen

Suche weniger selbst zu glänzen, als andern Gelegenheit zu geben,
sich von vorteilhaften Seiten zu zeigen, wenn Du gelobt werden und gefallen willst
Adolph Freiherr Knigge,
aus dem Buch „Über den Umgang mit Menschen", 1788
(1752 - 1796)

Adolph Freiherr Knigge

Schon zu seinen Lebzeiten war Adolph Freiherr Knigge (1752 – 1796) umstritten. Knigge setzte sich durch sein energisches Eintreten für die Ziele der Aufklärung, so wie er sie verstand, scharfen Angriffen aus. Er arbeitete als Romanschriftsteller und Satiriker, sowie als politischer Schriftsteller. Er gehörte den Freimaurern an. Heute ist Knigge vor allem seines Buches wegen ‚Über den Umgang mit Menschen' (1788) bekannt. Und zwar deswegen, weil sein Werk als Etikette-Buch angesehen wird.

Das große Missverständnis

Knigge verdankt seinen heutigen Ruf und Erfolg aber einem Missverständnis. Denn: Das Werk Adolph Freiherr Knigges gilt als Etikette-Buch ersten Rangs. Allerdings beschreibt Knigge keine Regeln wie mit Besteck umzugehen ist, oder das Verhalten bei Tisch, stattdessen offenbart er eine praktische Lebensphilosophie im Umgang mit Mitmenschen. Er gibt Anleitungen und Anregungen, wie mit seinen Mitmenschen richtig umzugehen ist. Knigge hoffte damit, dass die Menschen glücklich und froh miteinander leben könnten. Sein Buch erschien 1788 und war schon kurze Zeit in fast allen Haushalten zu finden. Über 200 Jahre lang prägte sich sein Buch im Bewusstsein der Leser als praktisches Handbuch über gutes Benehmen ein.

Über den Umgang mit Menschen

In drei Teilen seines Buches hat Knigge über den Umgang mit verschiedenen Menschengruppen geschrieben, zum Beispiel:

- Über den Umgang mit Leuten von verschiedenen Gemütsarten, Temperamenten und Stimmungen des Geistes und des Herzens (Erster Teil, 3. Teil)
- Über den Umgang mit Frauenzimmern (Zweiter Teil, 5. Teil)
- Über die Verhältnisse zwischen Herrn und Dienern (Zweiter Teil, 7. Teil)

- Über das Verhältnis zwischen Wohltätern und denen, welche Wohltaten empfangen; wie auch unter Lehrern und Schülern, Gläubigern und Schuldnern (Zweiter Teil, 10. Teil)

- Über den Umgang mit den Großen der Erde, mit Fürsten, Vornehmen und Reichen (Dritter Teil, 1. Teil)

- Über die Art, mit Tieren umzugehen (Dritter Teil, 9. Teil)

Knigge heute als Synonym für Umgangsformen

Obwohl es heute klar ist, dass Knigge anderes verfolgte, als wir unter seinem Namen verstehen, soll ‚Knigge' als Synonym für den Bereich stehen, dem sich das vorliegende Buch widmet.

12 Ratgeber in der kleinen Knigge-Reihe

Der kleine ... -Knigge ²¹⁰⁰ (Je € 9,70; 88 Seiten, 12x19 cm, kartoniert)

Anstands- und Banausen-Knigge ²¹⁰⁰
Business- und Kunden-Knigge ²¹⁰⁰
Büro- und Kollegen-Knigge ²¹⁰⁰
Gäste- und Gastgeber-Knigge ²¹⁰⁰
Gesellschafts- und Freunde-Knigge ²¹⁰⁰
Outfit- und Stil-Knigge ²¹⁰⁰

Interkulturelle- und Auslands-Knigge ²¹⁰⁰
Bewerbungs- und Vorstellungs-Knigge ²¹⁰⁰
Event- und Feste-Knigge ²¹⁰⁰
Gastro- und Tischsitten-Knigge ²¹⁰⁰
Speisen- und Exoten-Knigge ²¹⁰⁰
Trinkkultur- und Getränke-Knigge ²¹⁰⁰

12 x kleines Handbuch der Rhetorik 2100

Der kleine Handbuch der Rhetorik ²¹⁰⁰ (Je € 9,70; 100 Seiten, 12x19 cm)

Erfolgreich reden „Die Kunst, flott vorzutragen"
Körpersprache einsetzen „Mit Händen und Füßen sprechen"
Gezielt trainieren „Ich will endlich erfolgreich präsentieren!"
Nervosität austricksen „Mir zittern die Knie"
Begeistert überzeugen „Das rhetorische Feuer entfachen"
Unterschwellig manipulieren „Ich kriege dich schon!"

Wahrnehmung verzerren „Ich glaub' nur, was ich sehe."
Einwände entkräften „Das ist doch gar nicht machbar! – Oder doch?"
Gespräche führen „Zielorientierte und zeitsparende Gesprächslenkung"
Meetings leiten „Besprechungen erfolgreich führen"
Geschicktes Nudging „Das versteckte Anschubsen"
Interviews führen „Darf ich Sie mal fragen?"

4 Ratgeber in der Ego-Management-Reihe

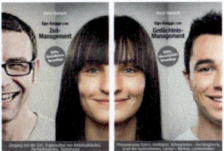

Persönlichkeits-Management – Ego-Knigge [2100] Soft Skills, Selbst-Reflexion und Selbst-Bewusstsein

Stress-Management – Ego-Knigge [2100] Lampenfieber, Stressoren, Gerüchte, Mobbing, Burnout, Stressvermeidung

Zeit-Management– Ego-Knigge [2100] Umgang mit der Zeit, Organisation von Arbeitsabläufen, Perfektionismus, Zielsetzung

Gedächtnis-Management – Ego-Knigge [2100] Gehirn, Intelligenz, Schwachsinn – Hochbegabung, Gedächtnis, Lerntechniken. Jeder Ratgeber € 14,90, 104 Seiten, A5, kartoniert

4 Ratgeber in der Reihe Lebenseinstellung

Aberglauben-Knigge [2100] Von schwarzen Katzen, der linken Hand des Teufels und den Glücksbringern

Lügen- und Egoismus-Knigge [2100] Überleben durch Flunkern, Schummeln und Täuschen! Macht, Respekt, Wertschätzung? Lebenslüge und Lebensschutz

Glücks-Knigge [2100] Vom Glücklichsein, positiven Denken und von Freundschaften

Angst- und Optimismus-Knigge [2100] Die Furcht beherrschen, Ängste nutzen und positiv durchs Leben gehen. Jeder Ratgeber € 12,95, 160 Seiten, A5, kartoniert

3 Ratgeber Bräutigam, Braut und Brautpaar

Bräutigam-Knigge [2100] Verlobung und Polterabend, Schwiegereltern und das Ja-Wort, Hochzeits-Outfit und Hochzeits-Kutsche

Braut-Knigge [2100] Brautkleid und Accessoires, Das große Hochzeitsfest, Höhepunkte und Hochzeitstanz

Brautpaar-Knigge [2100] Historisches und Sonderbares, Planung und Organisation, Aberglaube und Hochzeitsbräuche. Jeder Ratgeber € 15,90, 104 Seiten, A5, kartoniert

2 Ratgeber Selbst-Coaching

Selbstbewusstsein Knigge [2100] Ich bin, ich kann, ich will. Das eigene Leben bestimmen, Soft Skills, The Winner 1, € 12,95; 120 Seiten A5

Selbstwertgefühl Knigge [2100] Steh auf! – Werde aktiv! – Zeige Profil! Das eigene Leben beeinflussen, Motivation, The Winner 2, € 12,95; 120 Seiten A5

Leben und Lifestyle

Das kleine Knigge-Quiz [2100] € 9,70; 96 Seiten, 12x19 cm, kartoniert

Jugend-Knigge [2100] Knigge für junge Leute und Berufseinsteiger, € 15,90; 152 Seiten

Zukunfts-Knigge [2100] Verfall der Sitten und Verlust der Wertschätzung? Umgangsformen in 100 Jahren. Zusammenleben mit Menschen, Maschinen und menschenähnlichen Robotern, € 14,95; 172 Seiten A5 kartoniert

Wertschätzung-Knigge [2100] Gleichberechtigung, Gender und Respekt, Sexuelle Orientierung, Umgang bei Diskriminierung und Mobbing, € 14,95; 152 Seiten A5

Hochzeits-Knigge [2100] Hochzeitsbräuche, Geschenke, Brautjungfer, Trauung, Festgäste und Festmahl, € 29,95; 310 Seiten A5

Ü65- und Senioren-Knigge [2100] Die junge Alten und die alten Jungen, Kommunikation und Verständnis zwischen den Generationen, Einsamkeit und technischer Fortschritt, € 19,95; 180 Seiten A5

Blumen-Knigge [2100] Historisches, Mystisches, Festliches, Blumen-Sprache, Umgang mit Blumen-Präsenten, € 19,95; 144 Seiten A5

Bekleidung! Ausdruck der Persönlichkeit – Lukas' Outfit-Knigge [2100], € 19,95; 196 Seiten A5

Nudel-Knigge [2100] Himmlische Teigwaren, € 17,95; 140 Seiten A5

Der Interkulturelle Kompetenz-Knigge [2100] Kultur, Kompetenz, Eindrücke – Gesten, Rituale, Zeitempfinden – Berichte, Tipps, Erlebnisse, € 29,95; 240 Seiten A5

China-Deutschland-Knigge [2100] Chinesen in Deutschland, € 12,90; 104 Seiten A5

Dschungel-Knigge [2100] Umgang in ungewohnter Umgebung, € 23,95; 192 Seiten A5

Der Dicke-Knigge [2100] Aus dem prallen Leben des Dicken, € 15,90; 104 Seiten A5

Typisch Frau – Typisch Mann Knigge [2100] Unterschiede und Gemeinsamkeiten im Umgang mit dem anderen Geschlecht, € 12,95; 128 Seiten A5

Kulinarischer und Gastronomischer Knigge [2100] Von Events, Feiern, Aperitif über Esskultur, Speisen und Getränken zu zeitgemäßen Tischsitten, € 26,50; 284 Seiten A5

Klo- und Pinkel-Knigge [2100] Vom privaten und öffentlichen Bedürfnis - Umgangsformen im Tabu-Bereich, € 13,50; 104 Seiten A5

Omi hüpf' mal Märchen meiner Großmutter, Erlebnisse ihre Jugend und wahre Geschichten meines Vaters von und über Omi Rickchen, Hardcover, € 29,95; 312 Seiten

Der Hunde-Knigge [2100] Umgang mit dem Hund – Hundesprache – Der Hund in der Gesellschaft, € 17,95; 180 Seiten A5

Welcome to Germany-Knigge [2100] Umgangsformen, Verhaltensmuster und gesellschaftliches Miteinander im deutschsprachigen Europa, € 11,99; 108 Seiten A5

Besuch willkommen Knigge [2100] Einladung, Gast, Geschenk, Empfang, Feier, Gastfreundschaft, € 14,95; 200 Seiten A5

Mensch, Macht, Mörder [2100] Verfall der Umgangsformen?, € 14,90; 260 Seiten A5

Leben, Tod und Ansichten Austausch mit Berühmtheiten über Wichtiges und Unwichtiges im Leben, € 12,95; 116 Seiten A5

Leben, Tod und Überlegungen Austausch mit Berühmtheiten über Größe, Ewigkeit und Spaß im Leben, € 12,95; 116 Seiten A5

Tod, Trauer, Totenkult-Knigge [2100] Sterben, Trost, Takt, Bestatten, Tradition, Vorsorge, Tabus, Vergänglichkeit und Sonderbares, € 17,95; 212 Seiten A5

Leben und Lifestyle

   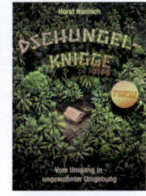

   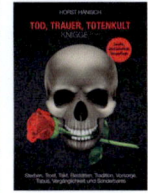

Rhetorik, Soft Skills, Hochschule, Beruf

Rhetorik ist Silber Von den ersten Schritten zu einer perfekten Präsentation, € 17,90; 144 Seiten A5, kartoniert, Zeichnungen

Moderation ist Gold Gesprächsführung, Umfragen, Talkrunden und Manipulation, € 17,90; 144 Seiten A5, kartoniert, Zeichnungen

Lebhafte Körpersprache in Vorträgen, Präsentationen, Gesprächen, € 17,90; 144 Seiten A5, kartoniert, ca. 290 Zeichnungen

Rhetoric – Mastering the Art of Persuasion, € 22,90; 144 Seiten A5, kartoniert

Discussion – Mastering the Skills of Moderation, € 22,90; 144 Seiten A5, kartoniert, Zeichnungen

Body Language in Europe, € 22,90; 144 Seiten A5, kartoniert, ca. 290 Zeichnungen

Körpersprache – Lüge, Verrat, Macht, Im Beruf, vor Gericht, beim Flirt – Gewinnerpose und Demutshaltung – Drohung und Zuneigung; € 29,95; 364 Seiten A5, kartoniert, über 400 Zeichnungen

Das große Buch der Rhetorik [2100] Tacheles reden; Präsentieren; manipulieren und überzeugen, € 37,45; 332 Seiten A5, kartoniert, viele Darstellungen

Trickreiche Rhetorik [2100] Psychologische Gesprächsführung, manipulierende Darstellung, unaufdringliches Nudging, € 37,45: 300 Seiten A5, kartoniert, Zeichnungen

Soft Skills-Knigge [2100] Soziale, Persönlichkeit, Selbstmanagement, € 37,45; 324 Seiten A5, kartoniert, viele Darstellungen

Schlagfertigkeit-, Spontaneität-, Stegreif-Knigge [2100] Impulsiv handeln, verbale Angriffe kontern, Störungen entwaffnen, € 13,50; 104 Seiten A5

Pitch Skills und Überzeugungs-Knigge [2100] Elevator Pitch, Geldgeber beeindrucken, Feuer versprühen, € 13,50; 128 Seiten A5, kartoniert

Smalltalk-Knigge [2100] Vom kleinen Gespräch bis zum charmanten Flirt - Kontakt ausbauen, Sympathie zeigen, Begehrlichkeit wecken, € 13,50; 100 Seiten A5

Quassel-Knigge [2100] Quasseln, Quatschen, Quengeln oder Lebenswichtige Kommunikation – Gezielt eingesetzte Rhetorik – Aussagekräftiges Profil zeigen, € 13,50; 112 Seiten A5

Hochschul-Knigge [2100] Studentischer Umgang in und außerhalb der Hochschule am Beispiel der Cologne Business School, 132 Seiten A5, kartoniert, Fotos

Jugend-Karriere-Knigge [2100] Schule und Studium, Netzwerk und Klüngel, Erfolg und Risiken, € 19,95; 224 Seiten A5, kartoniert, Zeichnungen, Checklisten

Bewerbungs-Knigge [2100] **für Frauen – Tina bewirbt sich / Bewerbungs-Knigge** [2100] **für Männer – Tom bewirbt sich**, Vorbereitung, Wahl der Kleidung, Verhalten beim Bewerbungsgespräch, je € 19,70; 128 Seiten A5, kartoniert, Fotos, Checklisten

Kreativitäts-Knigge [2100], Visionärhaft denken, Scheuklappen sprengen, Mentales Risiko eingehen, € 14,95; 164 Seiten A5, kartoniert

Team und Typ-Knigge [2100], Ich und Wir, Typen und Charaktere, Team-Entwicklung, € 14,95; 128 Seiten A5, kartoniert, viele Darstellungen

Die flotte Generation Y im 21. Jahrhundert, selbstbewusst – lebensbetonend – flexibel. Wie mit der Generation Y zielorientiert und erfolgreich gearbeitet werden kann, € 12,95; 116 Seiten A5, kartoniert, Zeichnungen

Die flotte Generation Z im 21. Jahrhundert, entscheidungsfreudig – effizient – eigenverantwortlich. Wie mit der Generation Z zielorientiert und erfolgreich gearbeitet werden kann, € 12,95; 140 Seiten A5, kartoniert, Zeichnungen

Rhetorik, Soft Skills, Hochschule, Beruf

Englisch:

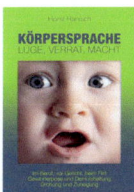   

  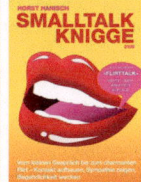 

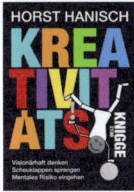 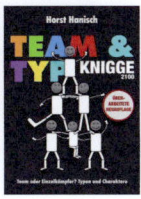 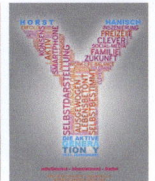 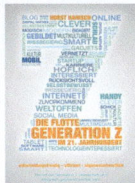

Beratung, Coaching, Seminar

Horst Hanisch Seminare

seit 1987

Wer hat nicht gerne mit Menschen zu tun, die selbstbewusst und selbstsicher mit anderen Menschen umgehen?

Geschäftspartnern, die die elementaren Regeln des ‚Benimms' beherrschen, stehen die Türen zum Erfolg offen.

Unternehmen, die neben ihrer fachlichen Leistung auch ‚menschlich' überzeugen wollen, bieten wir für ihre Mitarbeiterinnen und Mitarbeiter aktives Training im Umgang mit Kunden, Gästen, Kollegen und Gesprächspartnern an.

Auf unserer Website informieren wir Sie über unsere Angebote:

- Firmen-Internes-Training
- → Business-Etikette und das Lehrmenü
- → Präsentieren, Moderieren, Kommunizieren
- → Körpersprache und ihre Geheimnisse
- Offen ausgeschriebene Seminare
- → Teuflische Rhetorik
- → Flottes Reden vor und zu anderen
- → Der erste Eindruck

- → Ladies Power
- Individuelles Einzelcoaching
- → Authentisches Auftreten
- → Dress for Success
- → Verhandlungstechniken
- → Persönlichkeit
- Interkulturelles Training
- Freundlichkeits-Checks in Unternehmen
- Workshops
- → Soft Skills

- → Team-Training
- Intensiv-Training für
- → TV-Auftritte
- → Vorträge
- → Präsentationen
- → Reden
- Fachliteratur und Arbeitsunterlagen
- Vorträge/Speaker
- → Vor kleinem und vor großem Publikum

Individuelles Coaching für Einzelpersonen: Und, wer es ganz individuell mag, greift zurück auf ein Einzel-Coaching. Hier werden ganz persönliche Herausforderungen angegangen, mit Themen wie:

- Interkulturelle Kompetenz
- Selbstsicheres Auftreten
- Präsentations-Techniken
- Erfolgreiche Verhandlungsführung

- Der Erste Eindruck
- Bewerbungstraining
- Rhetorik und Überzeugungskraft

und andere Themen – direkt auf die besonderen Bedürfnisse des Einzelnen zugeschnitten.

Besuchen Sie uns auf www.knigge-seminare.de

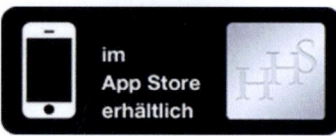